好望角

在这里，看见新世界

ISTANBUL
AND THE CIVILIZATION
OF THE OTTOMAN EMPIRE

伊斯坦布尔

奥斯曼帝国的文明重构

[英] 伯纳德·刘易斯 著

张楠 昝涛 译

昝涛 校译

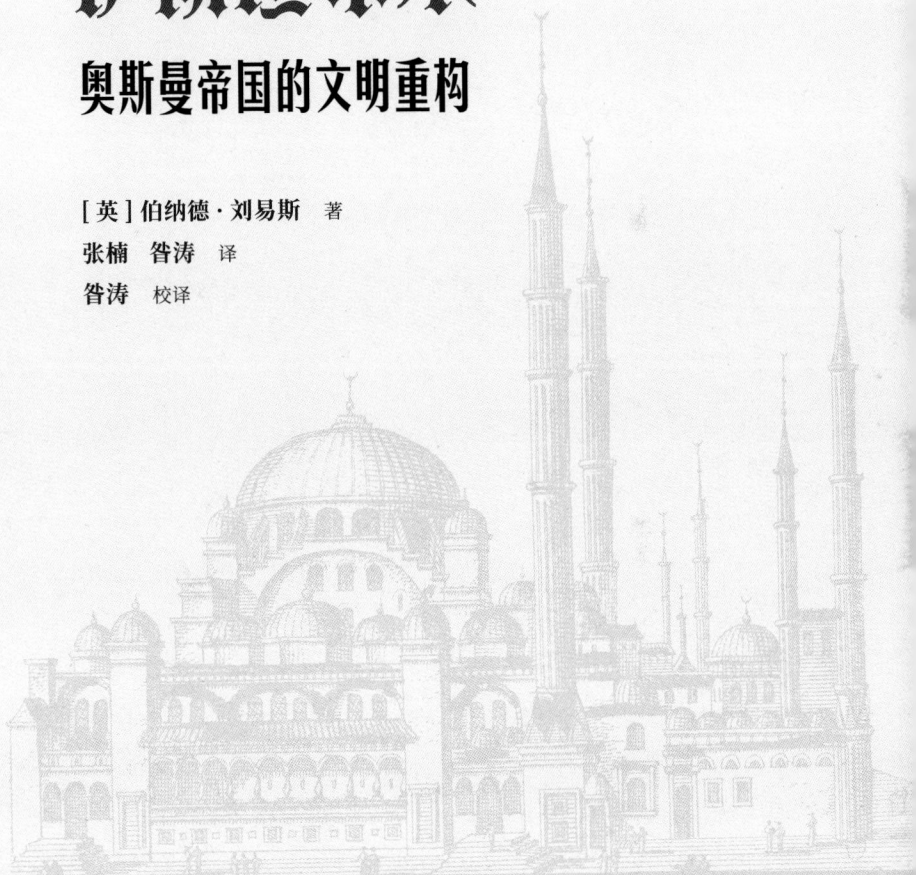

浙江人民出版社

浙 江 省 版 权 局
著作权合同登记章
图字:11-2021-298号

图书在版编目（CIP）数据

伊斯坦布尔 ：奥斯曼帝国的文明重构 /（英）伯纳
德·刘易斯著 ；张楠，昝涛译. — 杭州 ：浙江人民出
版社，2024.5

ISBN 978-7-213-11452-6

Ⅰ．①伊… Ⅱ．①伯… ②张… ③昝… Ⅲ．①城市史
-伊斯坦布尔 Ⅳ．①K937.4

中国国家版本馆CIP数据核字(2024)第077655号

地图审图号：GS浙（2024）97号

伊斯坦布尔：奥斯曼帝国的文明重构

［英］伯纳德·刘易斯 著 张楠 昝涛 译 昝涛 校译

出版发行：浙江人民出版社(杭州市环城北路177号 邮编 310006)
市场部电话：(0571)85061682 85176516
责任编辑：汪 芳 营销编辑：陈雯怡 张紫懿
责任印务：程 琳 责任校对：姚建国
封面设计：张庆锋
电脑制版：杭州天一图文制作有限公司
印 刷：浙江新华数码印务有限公司
开 本：880毫米×1230毫米 1/32 印 张：6
字 数：135千字 插 页：10
版 次：2024年5月第1版 印 次：2024年5月第1次印刷
书 号：ISBN 978-7-213-11452-6
定 价：62.00元

如发现印装质量问题,影响阅读,请与市场部联系调换。

博斯普鲁斯海峡（译者提供，后同）

苏丹艾哈迈德清真寺（蓝色清真寺）

圣索菲亚清真寺

圣索菲亚清真寺穹顶壁画

加拉太塔

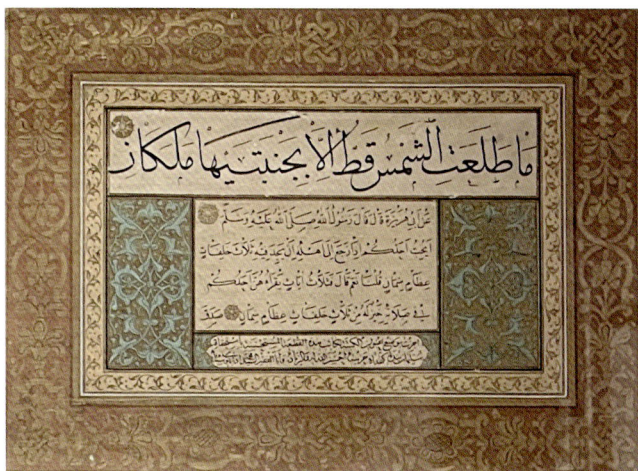

宫廷学校学生的学术文凭（E.H.2972，1745—1746年，现藏于托普卡帕宫博物馆）

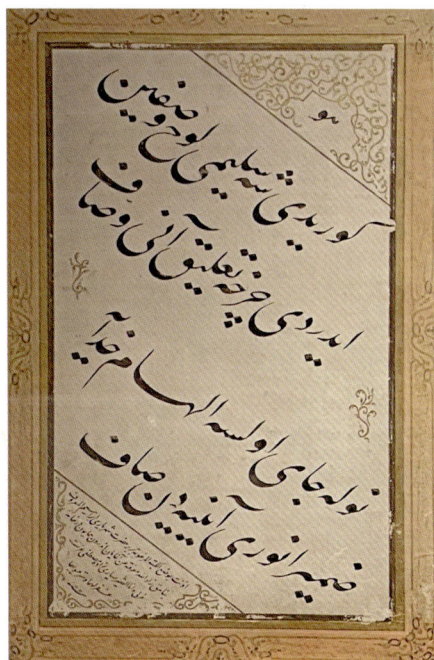

宫廷学校学生的学术文凭（E.H.2969，1798—1799年，现藏于托普卡帕宫博物馆）

位于伊斯坦布尔亚洲区于斯屈达尔的苏丹特普乌兹别克托钵僧修道院（Sultantepe
Özbekler Tekkesi），始建于18世纪中期，19世纪中叶重建

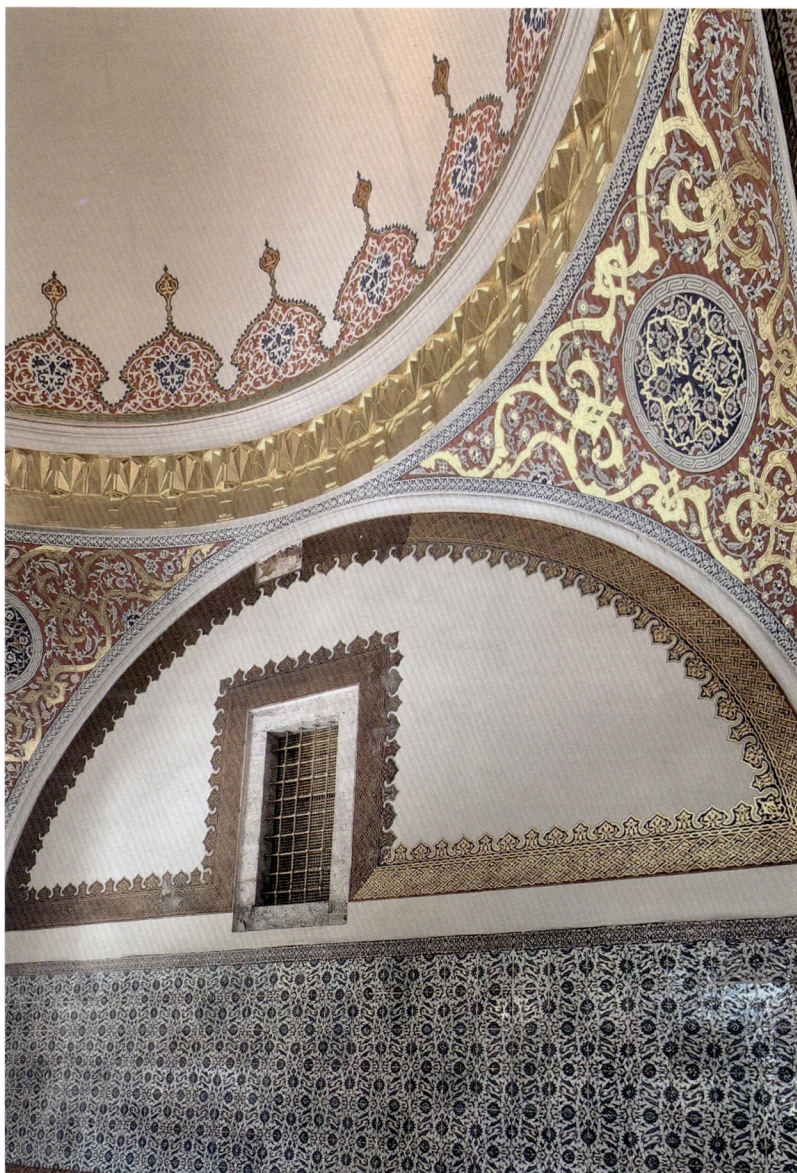

御前会议厅的室内局部，从带格栅的窗口，苏丹可以进行暗中观察

伊斯坦布尔塔克西姆广场（Taksim Meydani）

出版者言

当今的世界与中国正在经历巨大的转型与变迁，她们过去经历了什么、正在面对什么、将会走向哪里，是每一个活在当下的思考者都需要追问的问题，也是我们作为出版者应该努力回应、解答的问题。出版者应该成为文明的瞭望者和传播者，面对生活，应该永远在场，永远开放，永远创新。出版"好望角"书系，正是我们回应时代之问、历史之问，解答读者灵魂之惑、精神之惑、道路之惑的尝试和努力。

本书系所选书目经专家团队和出版者反复商讨、比较后确定。作者来自不同的文化背景，拥有不同的思维方式，我们希望通过"好望角"，让读者看见一个新的世界，打开新的视野，突破一隅之见。当然，书中的局限和偏见在所难免，相信读者自有判断。

非洲南部"好望角"本名"风暴角"，海浪汹涌，风暴不断。1488年2月，当葡萄牙航海家迪亚士的船队抵达这片海域时，恰风和日丽，船员们惊异地凝望着这个隐藏了许多个世纪的壮美岬角，随船历史学家巴若斯记录了这一时刻：

"我们看见的不仅是一个海角，而且是一个新的世界！"

浙江人民出版社

从君士坦丁堡到伊斯坦布尔

——中译本序

一

当我写下这篇译者序的时候，2024 年的土耳其地方选举刚刚结束，这次选举的一个重要结果，是在 21 世纪长期占据土耳其政坛主导地位的中右翼的正义与发展党（AKP）明显地失去了其优势，而中左立场的共和人民党（CHP）取得了历史性的突破。土耳其总统埃尔多安亦将此次选举称为一个重要的转折点。关注历史，是因为我们关心现实。对很多人来说，关注奥斯曼帝国的历史，可能就是因为对土耳其共和国这个国家的现实感兴趣，可能也是因为关心复杂的中东问题（比如 2023 年下半年以来的巴以危机、红海危机）。

作为主权民族国家的土耳其共和国，是奥斯曼遗产的最主要继承者，它既是北约（NATO）成员国，又是欧盟（EU）候选国。冷战时期的土耳其是北约遏制苏联的桥头堡。在 21 世纪，土耳其作为地区性强国重新崛起，还梦想成为地缘政治的"枢纽国家"

(central state)，如今经常被外界贴上"新奥斯曼主义"（neo-Ottomanism）的标签。除了对土耳其人，关于奥斯曼帝国的历史记忆，对西方人和中东人来说，同样挥之不去。

当然，奥斯曼帝国不只是土耳其共和国的过去，也是中东—巴尔干地区很多国家较近的过去。百余年前，奥斯曼帝国崩溃，留给这个世界太多至今仍难消化的遗产。尤其是世界的两个"火药桶"，都直接和奥斯曼帝国的历史有关系，一个是中东地区，另一个是巴尔干地区，因为这两个地方处在欧、亚/非之间，自古以来就是文明的通道，对世界历史的影响非常之大。而 1453 年后，奥斯曼帝国承继东罗马，仍以君士坦丁堡（伊斯坦布尔）为中心，在巴尔干和中东地区均建立了长期的秩序，单从这一古今对比来看，奥斯曼帝国的历史就值得重视。

在中文学界，关于近现代土耳其，相对来讲关注还是比较多的，特别是在 20 世纪上半叶，因为同具帝国遗产、同遭帝国主义压迫等"同病相怜"的历史境遇，中国政治和文化精英曾一度密切关注土耳其，写下不少带有典型时代特征的比较性文字。但这种关切随着我们国内政治现实的变化，也进入低谷。改革开放后，随着学界重新评价历史上的资产阶级革命，对现代土耳其历史的兴趣又有所增加，但相对于我们对欧、美、日的兴趣和投入来说，对土耳其的关注仍然是缓慢和严重不足的。

与对现代土耳其历史的兴趣相比，我们国内对奥斯曼帝国历史的研究，直到目前甚至可以说仍然处在起步阶段。这当然与我国世界史的成长之路太短、积累太薄有直接关系，实际上也与我们的历史发展道路有关。总之，对亚非拉地区的历史关注不够、研究薄弱，相关知识的生产力水平比较低，是我国学界的一个长期且普遍的现象。

进入 21 世纪，随着中国经济的快速发展，中国在世界上的地位也逐步上升，这不可避免地带来了中国与世界秩序关系的变化。与此相关，各个层面对世界历史知识的需求也与日俱增。但与前述中国学术积累之薄弱情况有关，仅通过国内的知识生产短期内无法满足相关需求。这就是近些年来翻译市场特别繁荣的原因之一。仅就奥斯曼—土耳其研究领域来说，改革开放以来翻译的相关作品，主要就是出现在近十年。从这个意义上来说，翻译和出版伯纳德·刘易斯教授的这本有关伊斯坦布尔与奥斯曼帝国文明（*Istanbul and the Civilization of Ottoman Empire*）的作品，也可以被放在上述脉络中来理解。本书翻译的分工是：前言、第一章、第六章和尾声部分，由笔者翻译；第二至第五章由博士生张楠翻译。最后由笔者对全书进行了校译。

二

为了方便读者对相关问题的理解，笔者通过阅读刘易斯的作品，并结合个人的理解，先在这里简单概括一下奥斯曼帝国历史的几个特点。

奥斯曼帝国是一个存在于 1299—1922 年、地跨欧亚非三大陆的、体量巨大的政权。现代土耳其共和国则是奥斯曼帝国的重要继承者之一。1453 年，奥斯曼人征服了君士坦丁堡，并定都于此，开始了帝国化的过程。根据刘易斯教授在"前言"中的说法，并不是奥斯曼人征服了君士坦丁堡以后，这里就改名叫伊斯坦布尔了，具体情况是这样的：

> 最常见的是，拜占庭人满足于简单地把他们宏伟的首都称为"城"（*hê polis*）。这个词可能是另一个名字的基础，即早在 10 世纪的穆斯林历史和地理著作中就出现了的。"伊斯坦布尔"（Istanbul），这个名字的词源颇有争议：最为广泛接受的解释来自短语 *eis tên polin*，意思是进城，穆斯林可能是从他们在小亚细亚的希腊邻居那里听到了这种说法。尽管土耳其人和其他穆斯林广泛使用"伊斯坦布尔"这个名字，但奥斯曼帝国官方并未使用。作为 Istanbul 这个词的颇有想象力的变体，Islambol（意思是满是伊斯兰）这个词曾一度出现在奥斯曼人的硬币和文献中。但对奥斯曼帝国的大部分苏丹而言，从征服君士坦丁堡到帝国垮台的漫长时间里，他们更倾向于保留 Kostantiniyya 这个名字，并将其与诸如"君主之家"（Abode of Sovereignty）和"幸福门"（Threshold of Bliss）之类的诗意名称变换着使用。直到 1930 年，"伊斯坦布尔"这个名字才正式取代了"君士坦丁堡"。

从世界历史的长时段来看，奥斯曼帝国的历史有哪些重要特点值得我们关注呢？

1.奥斯曼帝国是欧亚草原游牧势力在黑海—地中海—红海区域建立的强大政治体。要讲奥斯曼帝国的世界历史地位，需要注意到其草原游牧起源这一属性，这虽然在帝国后期表现不再突出，但从根源上说，是欧亚北部的草原社会与南部的定居社会之间长期性历史关系的一部分。这就是将奥斯曼人置于欧亚历史以及世界历史的视角。

说突厥语的奥斯曼人在小亚细亚地区的崛起，是延续、发展并巩固了同样说突厥语的塞尔柱人于 200 多年前开创的事业。[①] 随着 1071 年塞尔柱人在小亚细亚东部的曼齐凯特战役中大败拜占庭帝国的军队，来自亚洲内陆的游牧民就历史性地突破了基督教世界的东部边疆，小亚细亚的土耳其化和伊斯兰化进程从此开启。随着塞尔柱国家的衰落，原本只是一个地方性小公国（beylik）的奥斯曼开始登上历史舞台。他们推行实用主义和灵活变通的政策，吸收了来自不同宗教和社会阶层的支持者。

2. 奥斯曼人在中东地区的崛起极大地推动了伊斯兰文明的发展。在进入小亚细亚的时候，包括奥斯曼人在内的游牧民已经皈依了伊斯兰教，加上一直有核心政权的存在，他们就逐渐同化了小亚细亚地区的很多其他族群（主要是希腊人），也就造成了小亚细亚地区在宗教上的伊斯兰化、在语言上的突厥语化，以及在人种上的融合。

在文明史的意义上，直到 1071 年，小亚细亚地区还是东罗马—基督教世界的一部分。从 11 世纪的塞尔柱人开始，经 13 世纪奥斯曼人登上历史舞台、接过历史的接力棒，有一个讲突厥语的穆斯林持续从文明上改造小亚细亚的过程，这奠定了现代土耳其最早的历

---

① 尽管塞尔柱人和奥斯曼人经常被外人或者后世笼统地称为土耳其人（Turk），但实际上，塞尔柱人并不自称为 Turk，奥斯曼人也长期并不认同于 Turk，只到帝国末期才逐渐在少数精英阶层发展出某种土耳其民族认同，直到土耳其共和国建立，土耳其民族认同才逐渐普及开来。

史基础。这是一个很重要的、有世界影响的历史进程。因为，小亚细亚的地理位置实在太重要了。

奥斯曼人的崛起对于伊斯兰文明/帝国具有"救亡图存"的重要意义，也极大地改变了中东的历史版图，对当代也有深远影响。1258 年，崛起于东亚北部的蒙古人在征服世界的过程中灭亡了阿拉伯人的阿拔斯王朝（750—1258）。由阿拉伯人创立的、称雄数百年的伊斯兰帝国彻底败落了。时人的感受是，在这个时期，伊斯兰教似乎也要灭亡了。在这个背景下，奥斯曼人被看成是伊斯兰帝国的拯救者。阿拉伯裔历史学家菲利普·希提（Philip K. Hitti，1886—1978）也曾说，是蒙古人的"亲戚"——奥斯曼—土耳其人——"恢复（了）伊斯兰教的军事光荣，把伊斯兰教的旗帜胜利地竖立在广大的新地域"，奥斯曼—土耳其人被认为"是阿拉比亚宗教最后的捍卫者"。也就是说，奥斯曼人对伊斯兰文明的复兴功不可没。实际上，在 15 世纪，西班牙的穆斯林已经被基督徒的"收复失地运动"（西班牙语、葡萄牙语：Reconquista，意为重新征服）所驱逐，但在欧洲东南部，奥斯曼人所推动的伊斯兰文明扩张事业几乎同时达到了历史的顶峰，最重要的标志就是 1453 年攻陷君士坦丁堡，正式灭亡了东罗马帝国。

16 世纪，在征服阿拉伯地区之后，奥斯曼帝国成为伊斯兰文明最重要的中心，除了两座圣城（麦加和麦地那），伊斯坦布尔也成为世界上很多穆斯林的朝圣目的地，从而构建起某种以其为中心的精神性联系。①

3. 奥斯曼帝国不是一个同质化的伊斯兰帝国，而是带有鲜明的文化多元主义和世界主义的特征。奥斯曼帝国继承了东罗马的历史遗产、政治文化和人口，它的发展也改变了"罗马人"的观念。奥斯曼人也自视为罗马的继承者。从奥斯曼帝国时代到当代土耳其，圣索菲亚大教堂的命运便是这段历史的缩影。奥斯曼帝国并非同质化的伊斯兰帝国。在 1517 年奥斯曼人征服阿拉伯地区之前，占帝国人口大多数的也不是穆斯林，而是基督徒。奥斯曼人控制了巴尔干地区，并实行长期统治。奥斯曼的帝国化，也是以巴尔干地区为基础的，它首先是一个巴尔干大国，天然是欧洲历史的一部分。

奥斯曼人长期参与欧洲政治，对欧洲的发展包括自我认同产生了重要的影响。16 世纪的奥斯曼帝国继续在欧洲扩张：1504 年吞并了罗马尼亚，1521 年攻陷贝尔格莱德，1526 年占领布达佩斯，1529 年第一次进攻维也纳受阻。此后，奥斯曼人与哈布斯堡王朝在中欧对峙一个半世纪。关于奥斯曼人在文明意义上对欧洲的影响，从马丁·路德的作品中也可见一斑。

对于奥斯曼帝国的多元化、伊斯坦布尔的世界主义特征，比如所谓的米勒特制度（millet system），在我们翻译的刘易斯教授的这本书中关注和强调不足，在后文笔者还将涉及对这一问题的讨论。

4. 从全球贸易的角度看，自 7 世纪伊斯兰教出现，经阿拉伯帝国到奥斯曼帝国时代，地中海及其沿线的路线长期受到穆斯林政权

---

① 昝涛：《在布哈拉与"幸福门"之间——十六至十九世纪中亚穆斯林朝觐与丝绸之路西段的耦合》，《北京大学学报（哲学社会科学版）》2021 年第 2 期，第 48—64 页。

的控制。这对近代早期欧洲人的地理探险产生了深远影响，进而影响全世界。奥斯曼人也曾积极在地中海、印度洋和东南亚地区进行探索，并产生了较大影响，这是近些年来学界关注较多的问题，[①]在刘易斯教授写作本书的时代，对相关问题的关注相对较少。不过，刘易斯教授提到了欧洲人的大航海对奥斯曼帝国的影响，比如，他通过史料详细描述了伊斯坦布尔市民、伊斯兰宗教权威对烟草的态度及其变化。

5.奥斯曼帝国的衰落和崩溃也有世界性影响。一方面，奥斯曼帝国改革与现代化的经验，为世界其他地区提供了参照。以中国为例，推动戊戌变法的康有为就重视奥斯曼帝国的经验，还曾亲历1908年的青年土耳其革命；中国的革命党和左翼都对土耳其的变革给予很大关注。另一方面，奥斯曼帝国的衰落和崩溃使得欧洲与中东的地缘政治版图发生了重大变化，脱离奥斯曼帝国的巴尔干成为欧洲的"火药桶"，中东地区陷入长期的四分五裂，成为大国博弈的主战场。

三

伯纳德·刘易斯堪称当代最为著名的中东和伊斯兰研究者，当然也是一个颇有争议的人。刘易斯于1916年在伦敦出生，2018年逝世。在刘易斯逝世不久，《华尔街日报》撰文道："人们曾经把研

---

① 这方面的代表作品有土耳其著名史学家萨利赫·厄兹巴兰（Salih Özbaran）的 *Ottoman Expansion Towards The Indian Ocean: The Indian Ocean In the 16th Century* （Istanbul Bilgi University Press, 2009）和吉安卡洛·卡萨勒（Giancarlo Casale）的 *The Ottoman Age of Exploration* （Oxford University Press, 2011）。

究中东历史和文化的西方学者称为'东方学家'（orientalist），而
伯纳德·刘易斯则是最后一位伟大的东方学家。"[1]《历史学家与历
史著作百科全书》也称刘易斯为"战后最有影响力的伊斯兰和中东
历史学家"。[2] 1939 年，也就是 23 岁时，刘易斯从伦敦大学东方与
非洲研究院拿到博士学位。博士期间，他主要研究伊斯兰史。次
年，刘易斯留校任教。二战时，他入伍从军，先后效力于英国装甲
军团和外交部。这一经历或许是其后来的学术研究呈现鲜明的现实
政治色彩的一大原因。二战后，刘易斯回到伦敦大学任教，直到
1974 年，他转入普林斯顿大学近东研究系，并在那里工作到 1986
年退休。在普林斯顿的执教期间，也是刘易斯最高产的时间。

　　刘易斯一生出版过的作品超过 30 部，绝对是著作等身。[3] 他通
晓土耳其语、奥斯曼语、阿拉伯语、波斯语、希伯来语等多门中东
语言，并曾担任《伊斯兰百科全书》（*Encyclopedia of Islam*）第
二版的主编。从公开出版的论著来看，刘易斯的研究兴趣相当广
泛，涵盖中东地区国家的历史、宗教以及西方文明和伊斯兰文明的
互动等主题，对奥斯曼—土耳其历史的研究是其学术生涯的重要着力
点。最初，他的研究兴趣集中在中世纪阿拉伯—伊斯兰的历史，其博
士论文的题目是《伊斯马伊派的起源》（*The Origins of Ismailism*）。

---

　　[1] The Editorial Board，"Bernard Lewis：The great scholar of the Middle East predicted its
recent convulsions，" 2018-05-20，https：//www. wsj. com/articles/bernard-lewis-1526854333，
2024-03-31.

　　[2] Kelly Boyd，*Encyclopedia of Historians and Historical Writing*，Vol. 1，London and
Chicago：Fitzroy Dearborn Publishers，1999，pp. 719—720.

　　[3] 伯纳德·刘易斯的著作已经被翻译成中文的包括：《现代土耳其的兴起》，范中廉译，
商务印书馆 1982 年版；《中东：自基督教兴起至二十世纪末》，郑之书译，中国友谊出版公司
2004 年版；《穆斯林发现欧洲：天下大国的视野转换》，李中文译，生活·读书·新知三联书
店 2013 年版；《历史上的阿拉伯人》，马肇椿、马贤译，华文出版社 2015 年版。

然而，在以色列于 1948 年建国后，有着犹太血统的刘易斯在阿拉伯国家查阅档案和游历时面临诸多不便，恰逢当时土耳其共和国开放了奥斯曼帝国时期的档案资料，他便把研究重心转向了奥斯曼帝国。

我们翻译的这本 *Istanbul and the Civilization of Ottoman Empire* 英文版出版于 1963 年。在此之前两年，也就是 1961 年，45 岁的刘易斯已经出版了其关于奥斯曼—土耳其研究的更著名的作品，这就是《现代土耳其的兴起》（*The Emergence of Modern Turkey*），这本书在人文社会科学领域的影响更大也更持久，可谓刘易斯的代表作之一，是刘易斯的书中最早被翻译成中文的作品，也是中文学界一直以来引用最多的书。而刘易斯有关伊斯坦布尔的这本书，其学术价值并不低，但在很长一段时间，包括笔者本人在内的中文学界知道和引用的人却都非常少。

有一种理想的历史研究，就是让生动的史料自己说话，我们翻译的刘易斯的这本不足 200 页的小书，从这方面来说，堪称杰作。该书的一个重要特点是使用了很多一手的历史资料，尤其是历史上西方人对奥斯曼帝国的直接观察与记录，作者往往是大篇幅的直接引用，从这个意义上来说，其资料价值不菲，这也反映出西方学者在研究奥斯曼帝国史方面的独特优势（即本土资料较丰富）。不过，从阅读英文原著的角度看，作者引用的大量古代英语文本没有翻译成现代英文，使阅读和理解也有一定的困难。不管怎样，在篇幅如此之小的书中，提供这么多的细节，没有一定的学术功力，是很难做到的。从书中，你可以通过文字清晰地"脑补"苏丹皇宫的布局、一些建筑的细节，以及特定场合各大臣的座次，还有不同仪式上不同人、不同职业者的位置，等等。刘易斯通过史料将这些小细节处理得可谓无微不至，而且非常生动，很少有作者的抽象概括或说教。

从这本书的结构来看，它的专题性比较强，关注的是"伊斯坦布尔与奥斯曼帝国的文明"，显然，它的切入点是中心，而不是边缘，是成熟期的奥斯曼帝国，而不是帝国的起源或衰落。也就是说，它对历史过程的描述是非常简略的，读者甚至很难从中看出什么清晰的时间线索来。加上重复较多的帝王名字，很可能还会引起一些混乱。所以，我们在译文中加上了一张"奥斯曼苏丹谱系图"，以方便非专业读者参考利用。

作品的专题性较强，也带来了一个好处，那就是可以供有一定基础的读者更深入地思考一些问题。比如，历史研究中经常被学者关注的政治与宗教的关系问题，刘易斯在这本篇幅不大的小书中提供了丰富的案例，我们能够看到，奥斯曼帝国苏丹①虽然同时也是穆斯林的哈里发②，但他并不具备宗教性的神圣权威，苏丹/哈里发的主要职能是维系社会与政治秩序；宗教权威来自一批职业宗教学者（乌莱玛，ulema），不过，他们并非统一的存在，还有民间苏菲教团与乌莱玛阶层之间的差异和矛盾，更没有教会这种科层化的组织存在。面对无序的宗教现实，最高统治者一般不会明确支持谁、反对谁，在复杂的宗教派系冲突或极端化的教义威胁到统治秩

---

① Sultan，旧译有"算端""素檀"等，阿拉伯语原意为力量、权力，后演变为统治者的称号。

② Caliph，伊斯兰政治、宗教领袖的称谓，阿拉伯语本意为继承者，特指先知穆罕默德的继承者。

序的稳定时，苏丹/哈里发会进行强力干预，比如镇压某教派，或驱逐某教团的骨干，等等。

刘易斯曾在他的另一本专著《中东：自基督教兴起至二十世纪末》中提及烟草传入奥斯曼帝国引发的社会问题，在关于伊斯坦布尔的这本书中，刘易斯则以更为生动详实的史料讨论了相关问题，其中包括伊斯坦布尔的宗教权威如何处理烟草和咖啡的泛滥给社会带来的社会与政治问题。刘易斯借助 17 世纪前期的奥斯曼史家易卜拉欣·佩切维（Ibrahim Pechevi，1572—1650）的描述，生动地勾勒出咖啡和烟草带来的社会影响，比如：一些宗教人士抱怨人们更多地光顾咖啡馆，而较少去清真寺，人们在那里妄议国事；烟草不仅散发出恶臭和令人作呕的烟雾，还引发了首都多次火灾。苏丹穆拉德四世（Murad Ⅳ，1623—1640 年在位）也曾严厉禁止咖啡和烟草，甚至为此还杀了人。但最终，咖啡馆和烟草的支持者还是获胜了。其中的一个原因，据说是因为大穆夫提穆罕默德·巴哈伊埃芬迪（Mehmed Baha'i Efendi）颁布了教令，宣布烟草合法，而他本人烟瘾很重。也有历史记载说，这位大穆夫提是出于对人民生活状况的关怀，以及对伊斯兰教法原则的特定理解，即所有教法未明确禁止的事物都是允许的。

四

从伊斯兰的视角描述和定义伊斯坦布尔与奥斯曼帝国的文明，是刘易斯这本书一个非常典型的思路和特点。但很多问题可能也因之而起。我们已经提到过，在西方学术界，刘易斯是一个颇有争议的学者。尤其是在某些西方左翼学者那里，刘易斯是以憎恨伊斯兰教和对穆斯林的偏见而闻名的。与菲利普·希提、爱德华·萨义德（Edward Said，1935—2003）这样的阿拉伯裔西方学者不同，刘易斯对伊斯兰教和奥斯曼帝国有着某种更倾向于本质主义的理解。比如，刘易斯在解释奥斯曼帝国建立和扩张的深层次动因时强调伊斯兰信仰的作用，这与保罗·维特克（Paul Wittek，1894—1978）用"圣战征服论"解读奥斯曼帝国的起源有异曲同工之妙。① 大概也是受到保罗·维特克的影响，刘易斯把奥斯曼人视为"圣战士"，拿着宝剑扩张伊斯兰教，类似于在美洲的拓荒者和传教士，深信自己是在把文明和真正的信仰带给那些野蛮的、无信仰的人群。

奥斯曼帝国时代的伊斯坦布尔的人口结构和社会生活是非常多元的。根据刘易斯提供的 15 世纪后期的历史资料，非穆斯林家庭的数量占整个伊斯坦布尔（含加拉塔）家庭总数的约四成。从人口的角度来说，无论是刘易斯引用的 16 世纪后期英国旅行家获得的数字，还是当代学者的估计，直到 17 世纪的时候，非穆斯林人口至少占据了伊斯坦布尔总人口的一半。② 刘易斯虽然也提到了非穆斯林在伊斯坦布尔的存在，但他并没有认真讨论他们的生活状态，更没有讨论他们与穆斯林的具体关系。

如前所述，我们发现，刘易斯在本书中没有提及所谓的"米勒特制度"，尽管这一制度在学术史上仍颇有争议，但早在 20 世纪 50

---

① Paul Wittek and Colin Heywood, *The Rise of the Ottoman Empire: Studies in the History of Turkey, Thirteenth-fifteenth Centuries*, London: Routledge, 2012.

② Eunjeong Yi, "Interreligious Relations in 17th century Istanbul in the Light of Immigration and Demographic Change," in *RADOVI-Zavod za hrvatsku povijest*, Vol. 51, 2019, pp. 117—144.

年代，西方学者就已经提出了有关它的经典表述①，也就是将其视为奥斯曼帝国根据伊斯兰教对待"有经人"(*Ahl al-kitab*/People of the Book，主要是指基督徒、亚美尼亚人、犹太人等一神教徒）的原则，不强迫基督徒、亚美尼亚格里高利派信徒和犹太人皈依伊斯兰教，而是在缴纳一定的"人头税"(*cizye*) 之后，他们就可以在某种所谓"自治"的意义上较为自由地践行自己的信仰和生活方式。这往往被视为奥斯曼帝国实行的某种前现代式的文化多元主义。② 但在刘易斯的书中，他只提到了一个 16 世纪晚期的相关案例，是伊斯坦布尔的伊斯兰教权威干预基督徒公开售酒以及宴饮时奏乐，刘易斯使用这个案例是在标题为"城市"的第五章，他只是为了说明伊斯坦布尔卡迪（kadi，伊斯兰法官）的职能。

这么看来，刘易斯的一个明显倾向就是把奥斯曼文明完全说成是伊斯兰式的，而不怎么关注或强调它的世俗性和多元性。对于奥斯曼皇帝所具有的某种所谓"罗马"认同，以及拜占庭对奥斯曼帝国的影响，刘易斯予以否定，他说，奥斯曼帝国的政府理论和实践来源于鲁姆苏丹，更多是伊斯兰的，而不是罗马早期或晚期的皇帝。他也较多涉及了奥斯曼当局招募基督教男孩进入禁卫军和管理系统的"奴官制"，但他只强调了伊斯兰化这一面，而不怎么关注其同时给帝国政治生活带来的多样性。如果说刘易斯关注到了西方

---

① H. A. R. Gibb and Harold Bowen, *Islamic Society and the West: A Study of the Impact of Western Civilization on Moslem Culture in the Near East*, Vol. I, London: Oxford University Press, 1957, pp. 207—261.

② 昝涛:《"因俗而治"还是奥斯曼帝国的文化多元主义？——以所谓"米勒特制度"为重点》，载钟焓主编:《新史学（第 13 卷）：历史的统一性和多元性》，社会科学文献出版社 2020 年版，第 189—224 页。

元素在伊斯兰世界的存在，他也只是强调了伊斯兰传统中存在某些古希腊思想，比如，他向读者说明了柏拉图的《理想国》的伊斯兰化与阿拉伯化。这大概就是前文所提到的刘易斯对奥斯曼帝国的本质主义的理解吧。

在书的结尾部分，刘易斯讲到了奥斯曼帝国的衰落，至于如何逆转这种趋势，刘易斯指出，长期以来，奥斯曼精英们给出的答案就是回归真正的伊斯兰，恢复过去的黄金时代，到 18 世纪晚期，才开始出现所谓的"革新"，也就是西化或欧化的道路。刘易斯显然是将西化和伊斯兰主义对立了起来，这就暗示读者，伊斯兰主义无法提供现代化的方案。但与刘易斯几乎同代的土耳其著名学者谢里夫·马丁（Şerif Mardin，1927—2017），通过对 19 世纪中后期青年奥斯曼人（Yeni Osmanlılar）的研究，就得出了和刘易斯颇不一样的结论，马丁强调了伊斯兰主义对帝国现代化道路的创新性自主探索，看到的是伊斯兰文明的多样性与适应性。[①] 但刘易斯看到的是伊斯兰主义与西方化之间的二元对立。这样看来，刘易斯偏爱土耳其共和国凯末尔主义的那种自上而下的"全盘西化"式的世俗主义－现代化道路，[②] 也就不奇怪了。刘易斯被视为二战后经典现代化研究范式的代表，当然，很长时间以来，他也已经被西方学界视为某种错误的和过时的范式的代表了。对此，我们同时也应该看到西方社会自身的变迁过程，具体来说，就是向后现代社会的转变

---

① Şerif Mardin, *The Genesis of Young Ottoman Thought: A Study in the Modernization of Turkish Political Ideas*, Princeton: Princeton University Press, 1962.

② Eric J. Zürcher, "The Rise and Fall of 'Modern' Turkey: Bernard Lewis's Emergence Fifty Years On," in Eric J. Zürcher, *The Young Turk Legacy and Nation Building: From the Ottoman Empire to Atatürk's Turkey*, London: I. B. Tauris, 2010, pp. 50—51.

这一事实，在这一过程中，对很多问题的看法与评价自然也会发生变化。

西方学界对刘易斯的批评，更多的是集中在其与政治的关系或立场上。比如，刘易斯影响了大讲"文明冲突理论"的亨廷顿（Samuel P. Huntington，1927—2008），影响了美国的中东政策，是伊斯兰恐惧症（Islamophobia）的代表，等等。一些人倾向于把自己树立为一个自由左翼的知识分子代表，批评刘易斯与权力走得太近。①

在批评刘易斯的学者中，非常著名的就是《东方学》的作者爱德华·萨义德。萨义德认为，刘易斯之类的东方学家们对穆斯林看到的伊斯兰教不感兴趣，称刘易斯的作品是"激进的意识形态"，他给刘易斯贴上了"美帝国主义代理人"的标签。1982 年，刘易斯针对萨义德写了一篇批评性的回应，强调了欧洲东方学家对更深刻理解伊斯兰历史的重大贡献，否认他们有"帝国主义议程"。双方围绕"东方学"展开了广为人知的长期论战。双方的"决斗"是在 1986 年的一次学术会议上，据说，刘易斯回避了自己的学术独立性问题，还蹩脚地拿流行的中东刻板印象来开玩笑，给与会者留下了糟糕的印象。② 刘易斯的回应主要是强调，萨义德不是一个

---

① Hamid Dabashi, "Alas, poor Bernard Lewis, a fellow of infinite jest," 2018-05-28, https：//www. aljazeera. com/opinions/2018/5/28/alas-poor-bernard-lewis-a-fellow-of-infinite-jest，2024-03-31.

② Timothy Brennan, *Places of Mind：A Life of Edward Said*, New York：Farrar, Straus and Giroux, 2021, pp. 204—205. 可以参考《爱德华·萨义德及其反对者：〈东方学〉引发的学界战争》，2021-09-26，https：//zhuanlan. zhihu. com/p/414210616，2024-03-31。

"东方学家",而且还粗暴地对待了东方学的学术传统。[①]萨义德则反过来指责刘易斯经常到华盛顿会见政客,并批评刘易斯"在过去的几年里,一直致力于学术宣教和政治实践"。双方都有坚定的支持者和恶意的诋毁者。显然,对刘易斯来说,"东方学家"一词不是耻辱而是骄傲的徽章,他认为自己是在西方严肃地研究和阐释伊斯兰世界的众多学者之一。[②]

不管怎样,简要回顾这些学术史上的争议,对于我们理解曾在西方学界产生长期且广泛影响的刘易斯,以及他笔下的伊斯坦布尔和奥斯曼帝国的文明,还是很有意义的。

理解奥斯曼帝国的历史,既需要从土耳其、中东和巴尔干的视角来审视,也需要从更广泛的世界历史的角度来理解它。现在国内学界正提倡加强区域国别研究,笔者也曾在多个场合强调基础研究在其中的重要性。从认识论的角度来说,中国的区域国别研究,既要克服"西方中心主义",也要警惕"中国中心主义"。阅读和反思刘易斯的这部写于六十余年前的作品,对于我们做好与中东有关的区域国别研究也应该是很有参考价值的。

昝涛

2024 年 4 月 7 日于北京大学李兆基人文学苑 5 号楼

---

① Bernard Lewis and Buntzie Churchill, *Notes on a Century: Reflections of a Middle East Historian*, London: Viking, 2012, p. 267.

② 具体可以参见 Carole Hillenbrand, *Bernard Lewis*, in Biographical Memoirs of Fellows of the British Academy, XIX, posted 25 August 2020, pp. 231—254。

目　录

前　言

博斯普鲁斯海峡旁边的这座伟大的城市有很多为人所知的名字。对斯拉夫人来说，它叫沙皇格勒（Tsargrad），意思就是皇帝的城市；对北欧人来说，它就叫米克拉加德（Myklagaard 或 Micklegarth），意为伟大的城。希腊人和罗马人称之为拜占庭，这其实是该遗址上旧定居点的名称；对新罗马来说，它首先是君士坦丁堡（Constantinupolis），即于公元 330 年在那里建立了新帝国首都的皇帝君士坦丁的城市。对于这个新名字，帝国东部和南部边界以外的穆斯林则以 Kostantiniyya 或 Kustantiniyya 的形式使用。

最常见的是，拜占庭人满足于简单地把他们宏伟的首都称为"城"（*hê polis*）。这个词可能是另一个名字的基础，即早在 10 世纪的穆斯林历史和地理著作中就出现了的。"伊斯坦布尔"（Istanbul），这个名字的词源颇有争议：最为广泛接受的解释来自短语 *eis tên polin*，意思是进城，穆斯林可能是从他们在小亚细亚的希腊邻居那里听到了这种说法。尽管土耳其人和其他穆斯林广泛使用"伊斯坦布尔"这个名字，但奥斯曼帝国官方并未使用。作为 Istanbul 这个词的颇有想象力的变体，Islambol（意思是满是伊斯兰）这个词曾一度出现在奥斯曼人的硬币和文献中。但对奥斯曼帝国的大部分苏丹而言，从征服君士坦丁堡到帝国垮台的漫长时间里，他们更倾向于保留 Kostantiniyya 这个名字，并将其与诸如"君主之家"（Abode of Sovereignty）和"幸福门"（Threshold of Bliss）之类的诗意名称变换着使用。直到 1930 年，"伊斯坦布尔"这个名字才正式取代了"君士坦丁堡"。

然而，许多世纪以来，对征服了君士坦丁堡并使其成为帝国首都和文明中心的土耳其人来说，"伊斯坦布尔"才是他们对这座伟大城市的共同称呼。在接下来的章节中，我将试图描绘这个帝国和文明的某些方面，它们在奥斯曼帝国的辉煌时期蓬勃发展。我将尽可能使用当时的土耳其和西方观察家的视角来描述它。

第六章使用的卡提布·切莱比（Kâtib Chelebi）的节选来自 G. L. 刘易斯博士的版本，我要感谢他和各位先生。我也感谢乔治·艾伦（George Allen）和昂温（Unwin）允许我转录它。第一章中萨德·丁（Sa'd ed-Din）的话、第五章中埃弗里亚·切莱比（Evliya Chelebi）的话分别是由 E. J. W. 吉布（E. J. W. Gibb）和 J. 汉默（J. Hammer）所翻译，我对他们的翻译做了略微的修订。第六章中梅西希（Mesihi）的诗来自威廉·琼斯爵士（Sir William Jones）的版本。来自欧陆作家的段落，我引用的是与他们同时代的或差不多同时代的英语译本。土耳其语文本的其他英语版本是我自己翻译的。感谢《伊斯兰研究》（*Islamic Studies*）的编辑卡拉奇（Karachi），他授权我使用我自己翻译的卢特菲帕夏（Lutfi Pasha）、考初贝伊（Kochu Bey）和卡提布·切莱比的一些段落，它们最初是于 1962 年 3 月发表在该杂志的第一期上。

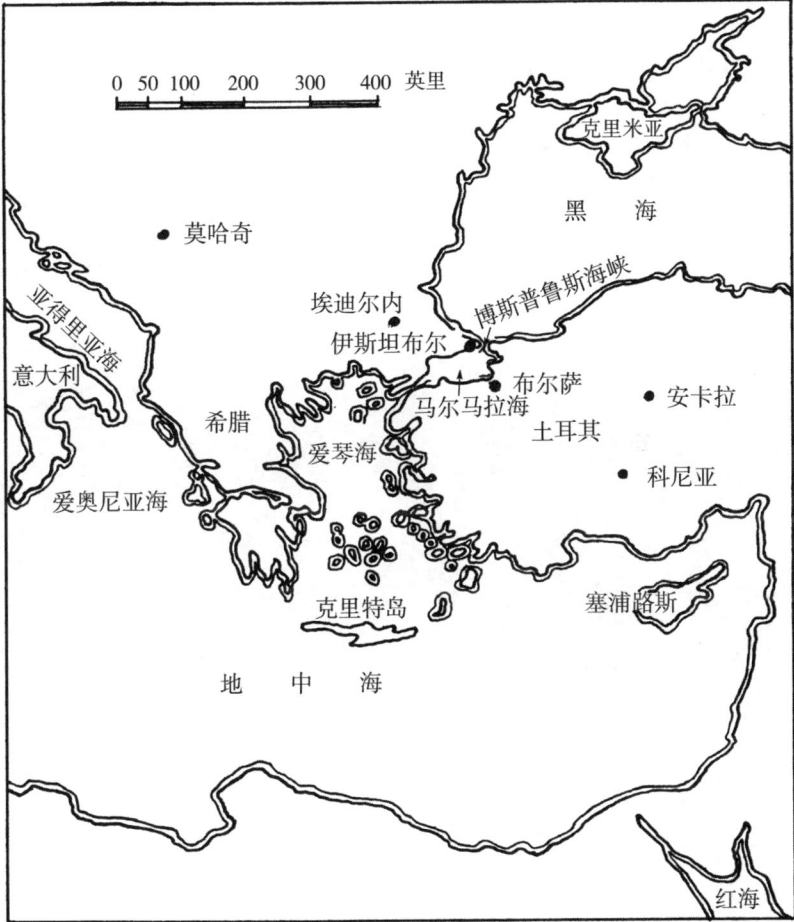

地中海区域图

注：此插图系原文插图。

我想向伦敦大学的 A. T. 哈图（A. T. Hatto）教授和 V. L. 梅纳热（V. L. Ménage）博士表示感谢，他们通读了我的打印稿，并提出了许多改进建议。与奥斯曼帝国研究领域的所有人一样，我显然也在整体上受益于该领域的大师们，特别是保罗·维特克教授。

伯纳德·刘易斯

伦敦，英格兰

1962 年 11 月

第一章
征　服

　　1453 年 5 月 29 日周二的凌晨，驻扎在君士坦丁堡城墙外的庞大军队发起了最后的总攻。早在 100 年前，土耳其人就从亚洲越过达达尼尔海峡来到加里波利（Gallipoli）半岛，这是他们在欧洲立足的第一步；距离苏丹巴耶济德一世（Bayezid Ⅰ）首次试图夺取这座城市也已经过去了 50 多年，这位苏丹成功地控制了巴尔干地区，然而，由于西方的介入以及东方的破坏，他最终没能占领君士坦丁堡。在 1410 年和 1422 年，土耳其统治者穆萨（Musa）王子和苏丹穆拉德二世（Murad Ⅱ），再次分别包围了这座城市，但最终都铩羽而归。现在，这位在历史上被称为"征服者"的新任年轻苏丹穆罕默德，开始了最后的也是最伟大的一次围攻。他带领一支大军从他所统治的广袤的欧亚大地上来到君士坦丁堡的城墙外，准备夺取这座帝国都城，并将它作为一块压顶石安放于父辈们所征服的帝国上。

　　这个由拜占庭皇帝曾经统治过的辉煌帝国，如今只剩下了君士坦丁堡这座城市，以及希腊境内几个零散的前哨，但是这些穷乡僻壤无法提供太多帮助。这座盛极一时的繁华城市如今也逐渐萎缩和枯竭，仅剩下一些断壁残垣，以及五万人口。城中的废墟上长满了荒草，土地一片荒凉，然而坚固的三重陆墙仍然屹立不倒，在它们身后，罗马帝国的最后军团准备保卫他们的都城。

根据编年史的记载，军团的规模并不是很大，大约有 8000 人，其中包括近 3000 名意大利志愿军，他们要守住四英里长的陆墙，并警戒来自海上的威胁。他们得到了金角湾的一支小型舰队的支持，水栅也助其免受土耳其海军的侵扰。与他们对抗的是一个帝国的军队，这个帝国从多瑙河延伸到幼发拉底河上游，从亚得里亚海一直延伸到黑海。这个帝国的军队拥有正规的禁卫军（Janissaries）、领有封地的西帕希（Sipahi）骑兵以及庞大的炮兵部队，他们拥有的枪炮多到足以摧毁这座城市的千年城墙；此外，还有无数的志愿军、散兵和辅助部队。所有这些加起来，规模估计可达 10 万—15 万人。在博斯普鲁斯海峡上，几百艘军舰日夜巡航，一天晚上，苏丹成功用木滑道将 70—80 艘战舰经由陆路穿过加拉塔，运送到金角湾上游，从三面包围了这座三角形的城市。

围攻已经持续了七个星期。4 月 7 日，苏丹的军队已经占据了马尔马拉海到金角湾的整个陆墙沿线阵地；11 日，他们将大炮对准城墙；12 日，他们开始了炮击，并在接下来的六个星期内持续轰炸，最终摧毁了城墙；21 日，舰队越过加拉塔后面的山丘，进入金角湾。4 月 18 日，土耳其人对城墙展开了第一次进攻，随后又在陆上和海上进行了多次进攻，但都被不屈不挠的守军击退。在 5 月 26 日或 27 日土耳其营地举行的一次会议上，令人敬重的大维齐尔哈利勒帕夏（Halil Pasha）敦促放弃这次行动，他从一开始就对攻城持反对态度，毫无疑问，他也拥有一些支持者。但年轻气盛、野心勃勃的苏丹不以为然，他对父亲留下来的这些元老大臣怀恨在心，因而做出了相反的决定。5 月 27 日，星期日，苏丹与指挥官们进行了商讨，检阅了军队，并派他的使者在整个营地宣布，如果士兵们能够攻入城内并占领这座城市，他们就可以在城中肆意地进行三天洗劫和掠夺。5 月 28 日，星期一，军队一直忙于备战；次日午夜过后一两个小时，总攻的号角吹响了。

第一次进攻是由一群非正规军和冒险分子发起的，其中许多是欧洲人，他们向城墙推进，却被击退，损失惨重，但是达到了苏丹想要消耗敌方精力与弹药的目的。第二次进攻则更为猛烈，主力是精锐的安纳托利亚军队，他们身披铠甲、纪律严明，但仍然未能突破防线，最终被迫撤退。最后，在黎明的曙光中，苏丹派出了他的精锐部队，其中包括他的卫队、弓箭手和枪手，以及 12000 名禁卫军士兵。

第一个登上城墙的是一个高大的禁卫军士兵，名叫哈桑（Hasan）。他登上城墙后，被一块石头击中、压倒，最终牺牲；但其他人跟随他的脚步，逼入了城防内部。与此同时，其他土耳其人从疏于防卫的凯尔卡门（Circus Gate）进入了这座城市，不到 15 分钟，成千上万的土耳其士兵就突破了防御工事。此时的希腊人痛苦万分、疲惫不堪，他们哭喊着："这座城市被占领了，土耳其人的旗帜在塔楼上飘扬。"成群的士兵从四面八方穿过破碎的城墙，击败了依然在拼死抗争的防御者，随后便开始洗劫这座刚刚被征服的城市。在最后的绝望斗争中，东罗马帝国的最后一位皇帝君士坦丁十一世帕里奥洛格斯·德拉加塞斯（Palaeologus Dragases）持剑而亡，至死保卫着他的都城，"帝国最终成了他的裹尸布"。

几个小时后，苏丹在众高官和一名禁卫军警卫的护送下，骑马穿过现在被称为"托普卡帕"（Topkapi）的大门，进入了这座城市。他骑到圣索菲亚大教堂，下马走了进去。在那里，他召来了一位伊玛目，伊玛目走上讲坛，吟诵穆斯林信条："我作证，万物非主，唯有真主；穆罕默德是真主的使者。"希腊大教堂变成了土耳其清真寺。苏丹取代君士坦丁堡的皇帝对这里进行统治，作为庞大帝国与伟大文明的中心，伊斯坦布尔再次蓬勃发展。

7　　图尔松贝伊（Tursun Beg）是参与这次征服的老兵，也是御前会议的秘书，以及最早的奥斯曼散文作家之一，他曾生动地描绘了土耳其人如何惊叹于他们所征服的辉煌。他于 15 世纪末撰写了"征服者"穆罕默德的传记，其中描述了苏丹进入这座城市时的场景：

> 国家的大人物以及陛下的侍从打开了城门……苏丹穆罕默德汗加齐（Sultan Mehemmed Khan Gazi）同他的学者和指挥官屈尊进入……天堂传来天使的阵阵赞美，带来了经文中的声音，"这里是伊甸园：进入就会获得永生"。起初，他四处走动，凝视着这座广阔而古老的城市中的多层房屋和市场，随后表示希望看到来自天堂的标志——圣索菲亚大教堂：
>
> 哦，苏菲，如果你找寻天堂，
>
> 无上的天堂就是圣索菲亚。

图尔松接着写道，尽管这座教堂拥有强大的力量和无与伦比的美丽，但它无法抵御岁月的摧残，一些附属建筑已成废墟。但是，它的大穹顶仍然矗立着：

> 那是怎样的穹顶啊，堪与天国九界相争！在这部杰作中，
> 一位完美的大师展示了整个建筑科学。半圆形的穹顶层见叠
> 出，有锐角和钝角，无与伦比的拱顶，像令人心动的少女的眉
> 毛，钟乳石装饰点缀其中，使内部如此宽阔，足以容纳五万
> 人……世界的帝王，举目看着凹形内面上的那些奇异形象和装
> 饰，屈尊爬上凸出的外表面，就像圣灵［耶稣］升到天堂的第
> 四层。当他走过时，他从每一层的垛口往下看，映入眼帘的是
> 下面的大理石庭院，然后他登上了穹顶。当他看到这雄伟建筑
> 的附属结构已经沦为废墟，他想到的是这个世界的无常与不稳
> 定性，以及最终皆归于毁灭。在忧伤中，我这卑贱的耳朵听到
> 了他甜美的诗句，并镌刻在我的心碑上：
>
> 蜘蛛是胡斯洛①宫里的卷帘人，
> 猫头鹰在阿弗拉西亚卜城堡中唱着夜歌。

8

当苏丹沉浸于对人类荣耀易逝的忧郁思考时，征服的士兵们却
为胜利带来的简单喜悦而欢欣鼓舞。他们的一些想法可以从当时另
一位截然不同的土耳其作家那里获得，这就是编年史家阿谢克帕夏
扎德（Ashikpashazade），他的叙述是以通俗易懂的土耳其语写给
老百姓的，更接近土耳其加齐（gazi）②或者说边疆战士的观点：

---

① 指萨珊波斯的皇帝胡斯洛二世（Chosroes Ⅱ，590—628 年在位）。——译者注
② 加齐是伊斯兰社会的一个头衔、称号，意为为信仰而战的人。——译者注

这场战斗进行了 50 个日日夜夜。在第 51 天，苏丹下令任意掠夺。他们发动了进攻。第 51 天是星期二，堡垒被攻占了。战利品和财物很丰厚。金银珠宝和精美的物品被带到营地市场上出售。他们使这座城市的人民沦为奴隶，并杀死了他们的皇帝，加齐们拥抱了漂亮的姑娘们……在征服后的第一个星期五，他们在圣索菲亚进行了集体祈祷，伊斯兰的祷词是以苏丹穆罕默德汗加齐的名义宣读的……

9　　一个多世纪后，奥斯曼帝国最著名的史家之一萨德·丁用如下激昂的文字结束了他文采飞扬的长篇征服叙事：

那广阔的地区，那强大而崇高的城市……从谬误之枭的巢穴，变成了荣耀和荣誉的首都。通过苏丹穆罕默德的崇高努力，无耻的异教徒敲出的邪恶的钟声，被召唤穆斯林礼拜的声音所取代，人们每天可以听到重复五次的荣耀仪式中甜美的信仰颂歌，"圣战"者的耳朵里也回荡着召唤礼拜的旋律。在城市的教堂里，肮脏的偶像被清除，污秽的异教杂质也被净化了；通过污损他们的形象，并建立起伊斯兰教的壁龛和讲坛，许多修道院和教堂成为令人艳美的天堂花园。不信道者的庙宇变成了虔信者的清真寺，伊斯兰教的光芒将黑暗之主从那里驱走了，而在过去漫长的岁月中，那里曾是卑鄙的异教徒的住所，现在，信仰的曙光驱散了压迫的可怕黑暗，如同命运般不可抗拒，苏丹在这里建立起了至高无上的统治……

　　东南欧基督教世界的最后一个堡垒已经倒下；一个新的力量崛起了，一个半世纪后，一位伊丽莎白时代的牧师称其为"土耳其人的光荣帝国，当今世界的恐怖"。

第二章
征服者

历史上，土耳其人（Turk）① 这个名称第一次出现是在公元 6 世纪，当时中国的史书中记载了一个位于中亚的强大帝国，而建造这个帝国的民族被称为"突厥"（*Tu Kiu*）。毫无疑问，在更古老的时代，讲突厥语的诸民族在亚洲甚至是欧洲的历史上都曾扮演过重要角色。但是，人们很容易把土耳其人等同为突厥，后者是历史上第一个使用这个名字（Turk）的讲突厥语的族群，以至于后来这个名字专门用来指代他们。这个从中国边境一直延伸到黑海的草原帝国吸引了希腊和中国史学家的注意；然而，它存在的时间很短，很快就分裂成了相互对抗的碎片，其中一些归附于中国的统治之下。这些早期的中亚突厥人并不是一群野蛮人。他们已经拥有了书面语言，其中一些也受到了文明世界宗教的影响，包括佛教、摩尼教和景教。

然而，讲突厥语的诸民族最终没有皈依这些宗教。公元 8 世纪，阿拉伯人已经成功地将伊斯兰信仰从阿拉伯半岛传播到波斯，

---

① 这里的"土耳其人"指的并不是现代意义上土耳其共和国的人，后同。——译者注

此后他们又征服并占领了锡尔河和阿姆河之间的"河中地区"，并与内亚的突厥语部族直接接触。从那时起，突厥语人群虽然从未被穆斯林征服，但却潜移默化地受到他们的影响。边疆战士和托钵僧传教士大多来自突厥语族群，他们联合起来把新的信仰带到了伊斯兰帝国边境以外未被征服的部落。随着时间的推移，大多数突厥语人群接受了伊斯兰教，他们开始使用阿拉伯字母并吸收了古典伊斯兰文明中众多丰富而复杂的元素。

从 9 世纪初开始，伊斯兰教的哈里发开始从东部边境购买突厥奴隶，主要是让他们当兵。这些奴隶被称为"马穆鲁克"（mamluk），这是一个阿拉伯语词汇，意思是被拥有的，他们不同于用于家庭或经济目的的卑微奴隶。突厥马穆鲁克，虽然在名义上是奴隶，实际上却形成了一个军事特权阶层，他们通过俘虏和购买的方式被招募上来，但因对军团强烈的忠诚而凝聚在一起。渐渐地，他们成了伊斯兰军队的核心。指挥官很容易成为统治者，统治者很快就建立了王朝。伊斯兰的第一位突厥统治者出现在 9 世纪。到 11 世纪，大多数统治者都是突厥语部族的人了。随着伊斯兰军队越来越突厥化、伊斯兰政府越来越军事化，讲突厥语的群体在伊斯兰土地上建立起长达一千年的统治。

与此同时，一场运动正在酝酿，这场运动将把突厥人带到地中海以及更远的地方，从而改变中东和东欧。10 世纪以来，偏远的欧亚大陆北方土地上发生了不为人知的动乱，草原民族开始大规模向中东迁徙，突厥语部落的乌古斯一支越过锡尔河向南进入伊斯兰疆域。这是草原部落一系列侵略和移民的第一波浪潮，直到 15 世纪才结束。

在突厥霸权建立及其民众和习俗在伊斯兰土地上散播的过程中，有两个时期特别重要。第一个是塞尔柱王朝时期，从 1055 年征服巴格达到 1157 年苏丹桑贾尔去世，大约一个世纪的时间里中东都处在它的统治之下。第二个是 13 世纪的蒙古征服以及随后的蒙古霸权时期。

塞尔柱不是一个部落，也不算是一个国家。他们是乌古斯突厥人的一个家族，声称自己是塞尔柱·伊本·杜卡克（Seljuk ibn Dukak）的后裔。10 世纪后期进入伊斯兰世界后，他们在布哈拉附近定居，并在那里皈依了伊斯兰教。塞尔柱的儿子们成了专业的雇佣兵长官，拥有自己的部队，并在各个伊斯兰国家的军队中服役。渐渐地，他们开始谋求自身的利益，并且很快就掌握了强大的权力，赢得广袤的土地。塞尔柱的孙子们征服了波斯东部，并一路向西进发，其中一个孙子图格鲁贝伊（Tugrul Beg）率领军队于 1055 年进入巴格达。一个新的帝国在伊斯兰世界崛起，它被称为大塞尔柱帝国（Great Seljuks）。塞尔柱人立足伊拉克，继续向西推进。一波进军叙利亚和巴勒斯坦，从当地人和埃及统治者手中夺取领土；另一波涌入了当时仍然处在拜占庭帝国统治下的安纳托利亚。在亚美尼亚的曼齐凯特战役为他们铺平了道路，塞尔柱苏丹阿尔普·阿尔斯兰（Alp Arslan）在这场战役中重创拜占庭皇帝罗曼努斯四世第欧根尼（Romanus Ⅳ Diogenes）。突厥入侵者在以前所有穆斯林入侵者都失败的地方获得了成功，将希腊基督教世界的边界推回到安纳托利亚西部，并将这片新的富饶领土并入伊斯兰世界。在 1190 年的一本十字军编年史中，第一次出现了"土耳其"（Turkey）这个名字，用于指代土耳其人在小亚细亚（即安纳托利亚）的新土地。这个名称在西方广泛用来指代穆斯林和土耳其人征服并持有的土地，虽然在土耳其语中并不这样用。

起初，在理论上塞尔柱苏丹国是单一的、不可分割的，一个伟大的苏丹统治着伊斯兰教的所有中心地带。但是随着塞尔柱王朝的衰落，这个帝国分裂成几个由塞尔柱王子或官员统治的较小的政权，这时，地区苏丹国或区域苏丹国这一新的概念出现了。

塞尔柱帝国最重要的继承国之一位于安纳托利亚中部和东部。塞尔柱国家对安纳托利亚的征服基本依靠游牧部落和加齐，而非有目标、有计划地进行。然而，征服刚刚开始，一位塞尔柱王子苏莱曼·伊本·库图尔穆什（Süleyman ibn Kutulmush）就被派去管理新获得的领土。当边疆的战士们继续战斗并向基督教世界边境推进时，塞尔柱的军官们紧随其后，建立了一个正规的伊斯兰政府。在一个世纪内，苏莱曼和他的继任者建立了一个强大的土耳其国家，其首都在古城伊科尼姆（Iconium），土耳其人称之为科尼亚（Konya）。这个直到 14 世纪初一直统治安纳托利亚的辉煌王朝被称为鲁姆苏丹国（Sultans of Rum）。

"鲁姆"这个名字是阿拉伯语中的"罗马"，即使是在罗马帝国灭亡很久以后，"罗马"这个伟大的名字仍然在东方和西方的一些地方回响。在中世纪穆斯林的用法中，鲁姆指来自博斯普鲁斯海峡旁新罗马的拜占庭人，他们统治着罗马帝国的东部残余，而鲁姆之地就是他们统治的领土。不难理解，这些术语更多地用于帝国的亚洲省份，这些省份与穆斯林接触最多。

因此，11 世纪的土耳其人来到了鲁姆之地，科尼亚的塞尔柱苏丹也就统治着这块土地及其人民。很快，鲁姆的形容词"鲁米"

(Rumi) 不仅用来指代希腊人，也被用来指代安纳托利亚的土耳其人，甚至用来指代埃及和印度这些地方的安纳托利亚土耳其人。

鲁姆苏丹国是一个传统伊斯兰君主国，扎根于古老的伊斯兰世界之中。强大的中央集权君主制遏制了曾征服并殖民这一地区的边疆战士和游牧部落的政治独立性，他们的信仰受到专业宗教人士的监督和控制。在科尼亚和苏丹国的其他城市，城市穆斯林精英群体已经成长起来；行政官员、文人、法学家、神职人员、商人和工匠从东部和南部迁移至此，带来了古老的、高度发达的传统伊斯兰教，使该国受到伊斯兰社会和政治传统模式的影响。这些人的祖上往往来自古老伊斯兰教的中心地带，他们自认为也是其中的一部分。他们与边疆战士和冒险家有着大壤之别。

13 世纪，土耳其安纳托利亚和中东其他地区一起经历了蒙古征服的毁灭性冲击。在征服波斯后，蒙古骑兵横扫美索不达米亚和安纳托利亚；1243 年 6 月 26 日，在土耳其东部靠近克塞山（Köse Dağ）的地方，一支蒙古分遣队击溃了鲁姆苏丹的军队。尽管蒙古人在安纳托利亚中部进行了劫掠，但他们实际上并没有征服鲁姆苏丹国，而是使其成为附庸国。然而，他们确实给了这个国家致命一击。在苟延残喘了大约 50 年后，它最终在 14 世纪初退出了历史舞台。安纳托利亚东部和中部的大部分地区成为在波斯的蒙古伊儿汗国的统治对象，由蒙古总督或土耳其附庸统治。伊儿汗阿布·萨伊德（Il-Khan Abu Said）在 1336 年去世后，蒙古在中东的统治分崩离析，波斯、美索不达米亚和安纳托利亚出现了一些由蒙古或土耳其王朝统治的小公国。

在安纳托利亚，中央权威的崩溃和新一波逃离蒙古人统治的土耳其游牧民族的入侵使边境地区又活跃起来，穆斯林土耳其人再一次向西对拜占庭发起了进攻，最后使整个安纳托利亚西部都处于他们的统治之下。安纳托利亚半岛被一些相互敌对的公国瓜分，其中最强大的是卡拉曼（Karaman）公国，它拥有塞尔柱鲁姆的古都科尼亚，并试图延续塞尔柱苏丹国。最活跃的公国是那些位于最西边、沿着马尔马拉海和爱琴海海岸线的公国，它们在陆地和海洋上参与了反对异教徒的伊斯兰"圣战"。

在参与新一轮征服的边疆战士公国中，有一个以其首位统治者命名的公国——奥斯曼公国，据说奥斯曼在 1299—1324 年在位。这个公国的人以他的名字来命名——奥斯曼人（Osmanli），欧洲人则习惯叫他们"鄂图曼人"（Ottoman），是他们成就了伟大的事业。尽管他们的公国起初与其竞争对手相比更弱小，但他们位于最西边，靠近拜占庭的边境——比提尼亚（Bithynia）省和君士坦丁堡，这给予了他们更大的责任和更多的机会，并吸引了来自整个安纳托利亚的支持和兵源。这是一个边疆公国的典范，它对抗基督教敌人的不懈斗争为不同人提供了多样但同具吸引力的选择：荣耀、战利品和殉道。

1301 年，奥斯曼在巴菲乌斯（Baphaion）[①] 大胜拜占庭军队，这使其得以大幅扩张自己在拜占庭的领土。在奥斯曼的继任者奥尔汗（Orhan，1324—1362 年在位）的统治下，这一进程得以加速。1326 年，也就是在新君登基两年后，奥斯曼人便占领了戒备森严的布鲁萨［Brusa，今布尔萨（Bursa）的旧称］，该城成为这个迅

17

————————————

① 今土耳其科尤尔堡（Koyulhisar）。——译者注

速壮大的国家的首都；之后，他们在 1331 年占领了尼西亚
[Nicaea，今伊兹尼克（Iznik）的旧称]，1337 年占领了尼科美底亚
[Nicomedia，今伊兹米特（Izmit）的旧称]。到 1340 年左右，除了
面向和毗邻君士坦丁堡的沿海要塞，他们几乎占领了拜占庭在小亚
细亚仅存的所有领土。这时已经没有什么可继续征服的了，于是他
们进入了一段巩固期；在此期间，他们吞并了位于西南部的安纳托
利亚卡拉西（Karasi）公国，这使得奥斯曼的领土扩展到达达尼尔
海峡和爱琴海沿岸。

但是来自安纳托利亚其他地区的大量移民一方面不断为奥斯曼
战士注入活力，另一方面也使得他们不可能长时间安于稳定。1345
年，在拜占庭皇帝约翰六世坎塔库泽努斯（John Ⅵ Cantacuzenus）
的请求下，奥斯曼军队跨越欧洲，帮助他对抗其对手约翰五世巴列
奥略（John Ⅴ Palaeologus）。奥斯曼人满载战利品回到小亚细亚，
并带来了令人欢欣鼓舞的消息：在博斯普鲁斯海峡和达达尼尔海峡
的狭窄水域之外，有一片诱人的新大陆。

1354 年发生的两件事为奥斯曼人在欧洲的下一轮冒险做好了
准备。第一件是占领安卡拉，这是他们在亚洲夺下的第一座伊斯兰
古城。两个半世纪以来，安卡拉一直是塞尔柱苏丹国的一部分，拥
有高水平的城市商业、文化和行政治理。夺取安卡拉为奥斯曼人带
来了帝国政府所需要的知识、技能和经验。

更具直接影响的事件是占领加里波利，这是奥斯曼土耳其人在
欧洲的第一个立足点。起初拜占庭皇帝将这里让给了来自奥斯曼的
援军，这里也成了后者在巴尔干地区进行一系列征服的基地。在第
三位统治者穆拉德一世（Murad Ⅰ，1362—1389 年在位）的统治

下，土耳其人在欧洲取得快速进展。大约在 1361 年，他们征服了阿德里安堡［Adrianople，今埃迪尔内（Edirne）的旧称］，这是从君士坦丁堡到多瑙河的一个重要据点。两三年后，他们占领了菲利普波利斯［Philippopolis，今菲利比（Filibe）的旧称］①。埃迪尔内成了穆拉德在欧洲的总部，从那里出发，他的军事行动在马其顿、保加利亚和塞尔维亚迅速取得了一系列压倒性的胜利，并最终在 1389 年 6 月 6 日的科索沃波尔耶战役中达到高潮，这场战役终结了塞尔维亚的独立。塞尔维亚国王拉扎尔（Lazar）和苏丹穆拉德在这场战役中都阵亡了，但最终的胜利属于土耳其人。

在对欧洲进行征服战争之前，奥斯曼通过或军事或和平的手段扩张自己在安纳托利亚的地盘。在奥斯曼帝国亚洲统治范围的南边是格尔米扬（Germiyan）公国，当格尔米扬埃米尔的女儿嫁给奥斯曼王子巴耶济德时，其大部分领土，包括首都屈塔希亚（Kütahya），都作为嫁妆并入了奥斯曼。由于征服欧洲带来了巨额财富，穆拉德还得以买下了格尔米扬以南的哈米德（Hamid）公国，对于哈米德之外的泰凯（Teke）公国，穆拉德的继任者则是诉诸武力。

奥斯曼的第四位统治者巴耶济德一世（1389—1402 年在位），被称为“雷霆”，继承了亚洲和欧洲的大片土地。在科索沃大捷之后，奥斯曼人在那里站稳了脚跟。在东部，他向安纳托利亚剩余的公国发起了进攻，其中最强大的卡拉曼公国在 1390 年战败，其余的也很快被吞并。几年之内，奥斯曼的统治扩张到了整个安纳托利

19

———————

① 位于保加利亚境内。——译者注

亚，南至爱琴海和地中海沿岸，东至锡瓦斯（Sivas）、开塞利（Kayseri）和幼发拉底河上游。

此时，巴耶济德一世占领了小亚细亚和东南欧大部分领土，掌控了拜占庭帝国除首都君士坦丁堡外的大部分领土。正是在这种情况下，1394 年底，他向开罗提出了一个诱人又重要的请求。

当时埃及真正的统治者是马穆鲁克苏丹，他们的帝国建立于 13 世纪。在蒙古人灭掉阿拔斯王朝之后，马穆鲁克苏丹将哈里发家族的一个流亡成员扶植为傀儡哈里发，并在他们的宫廷中保留了一系列影子哈里发，作为马穆鲁克苏丹操控的名义上的宗教领袖。

作为边疆王侯的巴耶济德向开罗那位名不副实的哈里发派出了一个使团，请求哈里发认定其"鲁姆苏丹"的头衔。马穆鲁克苏丹在批准将这一头衔授予一个强大的、正在崛起的邻国之前，可能犹豫了很久。但东方征服者帖木儿的威胁迫在眉睫，马穆鲁克人和奥斯曼人遂结为临时盟友，因此，开罗的统治者签署了一份证明，正式授予巴耶济德所要求的头衔。

当巴耶济德宣布自己是鲁姆苏丹时，也唤起了许多历史记忆。他不再仅仅是一个边疆首领，而是传统世界中一个伊斯兰帝国的君主，是科尼亚塞尔柱苏丹国光辉历史的继承人，也许甚至是那些曾经统治过鲁姆所有土地的基督教皇帝的继承人。

尽管这种转变是边疆战士的征服带来的，但战士们并没有理所当然地接受。边境上的人们对他们的领导人从首领变成君主深感不满，他们反感不断增长的国家权威对他们自由的限制；早期奥斯曼文献中有许多迹象表明，人们对逐渐引入伊斯兰传统政府机构，特别是其法律和财政规定，存在着愤怒和不满情绪。

1395 年，在迅速击溃瓦拉几亚（Wallaohia）王子的进攻并重申在巴尔干地区的权力之后，新的鲁姆苏丹开始包围君士坦丁堡这座高墙环绕的城市。1396 年 9 月 25 日，在多瑙河畔的尼科波利斯（Nicopolis），巴耶济德遭遇了惨败。

在围攻君士坦丁堡期间，苏丹再次遇到来自东方的问题。事实证明，安纳托利亚的叛乱分子和异见者很容易对付，但在他们之外还有另一个更强大的敌人——帖木儿，西方人称之为 Tamerlane①。帖木儿出身卑微，但在短短几年内就成为中亚蒙古后裔国的主人。1380 年，他入侵波斯，并在接下来的七年里占领了波斯全境。他在俄国南部两次击败了金帐汗国的可汗，还侵袭了印度，占领了叙利亚，要求马穆鲁克苏丹效忠。帖木儿是突厥人，也是穆斯林，但他更乐意强调自己通过和成吉思汗家族的公主联姻从而使自己与蒙古王室联系起来。巴耶济德可能可以声称继承塞尔柱鲁姆苏丹的遗产，但帖木儿是蒙古可汗的继承人，他们曾经是鲁姆的领主。1394 年，帖木儿在小亚细亚东部发动了第一次进攻，但他不愿意对一个在伊斯兰边疆参与"圣战"的穆斯林君主发动进攻。1399 年秋天，帖木儿再次出现，此时的他已经是一个强大的世界征服者了。巴耶济德也发生了变化，他不再是边疆战士的首领，而是一个伊斯兰君主；一些在帖木儿宫廷避难并被剥夺财产的安纳托利亚的埃米尔就是这一变化的直接体现。然而，即便是奥斯曼的力量也无法抵挡来自草原的新征服者的进攻。1402 年 7 月 28 日，两军在安卡拉附近的平原上发生冲突，奥斯曼人惨败。巴耶济德自己也被俘虏，八个

①意思是跛子帖木儿。——译者注

月后他自杀了；他在安纳托利亚征服的土地又回到了被他驱逐的埃米尔手中。

巴耶济德之死带来了 10 年的危机、叛乱和内战。奥斯曼的领土缩减到只剩他最初继承的范围，甚至那些领土也在他的儿子们[①]为争夺继承权而进行的斗争中分崩离析。在这个动荡时期，鲁米利亚（Rumelia）和安纳托利亚之间的冲突变得更加突出，前者是新的领土，住着边疆战士和新的移民，后者是一片古老的伊斯兰土地。穆萨王子同他的父亲一样被囚禁起来，并亲眼看着父亲死去，他争取了鲁米利亚人的支持，特别是巴尔干地区身份低微的人民，包括基督徒以及穆斯林、农民以及边疆人民，这些人都害怕并憎恨东方领土和神职人员日益增长的权力。穆萨的政权因其性质和支持率而广受群众欢迎，这种支持和人民的爱戴足以让曾经为他服务的官员与国家政要感到恐惧，于是他们立即赶往安纳托利亚投奔穆罕默德王子。穆萨建立的政权优先考虑鲁米利亚人，在王位争夺战中，他恢复"圣战"，重新夺回色雷斯（Thrace）、色萨利（Thessaly）和塞尔维亚，他还派遣突袭军队远赴卡林西亚（Carinthia），并于1410 年围攻君士坦丁堡。

与此同时，穆罕默德正在安纳托利亚集结军队，并在那里成功占领了奥斯曼帝国的所有行省。穆萨的政策与行动背后隐含的社会威胁，使得穆罕默德赢得了巴尔干地区领主和王子的支持，甚至包

---

① 穆萨、苏莱曼、伊萨（Isa）和穆罕默德为巴耶济德的四个儿子。巴耶济德死后，穆萨起初由格尔米扬的埃米尔监管，后交由穆罕默德的手下。穆罕默德战胜伊萨并控制了全部安纳托利亚后，派遣穆萨与苏莱曼作战，在战胜苏莱曼后，穆萨脱离穆罕默德控制，自立为奥斯曼苏丹，进而与穆罕默德展开斗争。——译者注

括塞尔维亚王子和君士坦丁堡皇帝的支持，他们共同加入了反对穆萨的神圣联盟。1413 年 7 月 5 日，在索菲亚附近的山区，穆萨被他的兄弟穆罕默德彻底击败；战斗结束后，穆萨在逃亡的过程中寻求庇护，但最终被俘并被勒死。

穆罕默德的另外两个兄弟也已经被消灭，这样一来，穆罕默德最终完全控制了奥斯曼帝国在欧洲和亚洲的领土。然而，他的麻烦还没有结束；1416 年，他不得不面对一场危险的起义，这场起义可能受到托钵僧的鼓舞和领导。值得注意的是，这场起义的精神领袖是著名的卡迪贝德尔丁（Bedreddin），他曾担任穆萨王子军队的首席军事法官。他的学说似乎混合了神秘主义、宗教共产主义，以及一种旨在统一不同信仰的泛宗派主义（interconfessionalism）。

苏丹穆罕默德一世的统治注重恢复和巩固奥斯曼帝国的国家和领土，他和他的继任者们多年来一直保护它们免遭任何地方或任何形式的叛乱。然而，在他的儿子穆拉德二世（1421—1444，1446—1451 年在位）的统治下，这种情况发生了重大的变化。帝国开始重新扩张领土，奥斯曼帝国的军队在与希腊人、塞尔维亚人、匈牙利人和西方十字军的战斗中捷报频传。1422 年，穆拉德围攻君士坦丁堡，但时机尚不成熟，他最终选择了放弃。作为替代，土耳其人将目光转向了欧洲。1430 年，穆拉德占领了萨洛尼卡（Salonika）海港，完成了对马其顿的征服。实际上，三年前，希腊人就在绝望中将萨洛尼卡出售给了威尼斯。此后，奥斯曼人进一步向北推进，但遭到了匈牙利人的强烈抵抗，1440 年，他们不得不放弃对贝尔格莱德的围困。迫于匈牙利人的进一步反击，1444 年，穆拉德在塞格德（Szeged）签署了一份为期 10 年的和平协议，尽管该协议偏向匈牙利，但它保护了奥斯曼帝国在多瑙河上的边界。

　　穆拉德认为边境的安全已经得到保证，便让位于他 12 岁的儿子穆罕默德，自己则在小亚细亚的布尔萨附近过着虔诚的冥想生活。他留下维齐尔哈利勒帕夏和霍斯雷夫毛拉（Hosrev Molla）辅佐他的儿子。哈利勒帕夏出身高官家庭，他的家族已经为苏丹服务了近一个世纪；霍斯雷夫毛拉是一位杰出的法学家和神学家，可能有基督教渊源，当时他刚刚成为埃迪尔内的卡迪。

24　　　　打破停战协定的诱惑是难以抗拒的。1444 年 9 月，匈牙利人越过多瑙河，与他们的欧洲盟友一起向南进军，进入保加利亚，从小亚细亚赶来的穆拉德集结了他的军队，前往北方与他们会战。11 月 10 日，他在瓦尔纳（Varna）彻底击溃匈牙利人，削弱了东南欧最后一个能够抗衡奥斯曼的军事力量，粉碎了欧洲人试图将土耳其人从他们征服的土地上驱逐出去的梦想。

　　穆拉德再次试图退位，但被哈利勒帕夏请回，以应对埃迪尔内的军事叛乱。他虽不情愿，但仍然坐在王位上，在统治的最后几年里，他在希腊、阿尔巴尼亚和塞尔维亚发动了进一步的战役。1448 年，土耳其人和匈牙利人在科索沃再次交战，这一次，土耳其人获得了胜利。

　　与此同时，奥斯曼的国家和社会也发生了重要的变化。自巴耶济德时代以来，奥斯曼帝国的苏丹们一直保持着传统穆斯林宫廷的模式，拥有各种各样的侍臣、顾问和大臣。就像东方的穆斯林君主一样，他们也赞助诗人、作家和学者，这些人有时能够为他们提供重要的服务。现在，奥斯曼需要一个王朝谱系和传统，正是从这个时候开始，我们可以确定奥斯曼出现了帝国宫廷的传统史学。关于乌古斯突厥人的记载，不论是传说还是事实，已经以各种形式存在了一段时间。在当时，这些东西被拿来研究，并被视为奥斯曼帝国历史传统的起点，其中奥斯曼统治家族被描述为与突厥部落传说和早期的突厥伊斯兰帝国都有着千丝万缕的联系。

这些新的君主和王朝思想得到了一批值得信赖的军事与文职领袖的支持，他们越来越了解并投身伊斯兰式的政治原则，同时忠于奥斯曼家族。他们通过很早之前就实行的一种从帝国基督教徒中征募男孩的"奴官制"（devshirme）① 加入奥斯曼军队和国家服务体系，这个制度极大地强化了这些新的思想。通过这种方式，基督徒的力量和边疆战士的精神都被用来为奥斯曼帝国服务。同时，他们也找到了解决日益紧迫的问题的途径，即通过合作将构成奥斯曼帝国的两种元素和传统联系起来：军队仍然受边疆传统的支配，而国家则延续伊斯兰、塞尔柱和蒙古东部的模式。

1451 年，穆拉德二世去世，其子穆罕默德二世（1444—1446，1451—1481 年在位）继位，人称"征服者"。穆罕默德继承了一个仍然分为两部分的帝国。安纳托利亚，甚至是奥斯曼帝国西部的安纳托利亚，如今已被中东伊斯兰文明同化并重塑，成为古老的伊斯兰领土。而新征服的鲁米利亚仍然是一个边疆地区，这里深受边疆战士的思想和习惯以及托钵僧神秘信仰的影响。在新旧首都之间，边疆战士的埃迪尔内和神学家的布尔萨需要一个新的纽带。1453 年 5 月 29 日，苏丹第二次登基两年后，禁卫军对君士坦丁堡城墙

---

① devshirme 本义为征募、招募，目前在中文学界还没有统一的译法，本书统一译为"奴官制"。——译者注

发动了最后的进攻。最后一位君士坦丁皇帝战死，新月在圣索菲亚的穹顶之上升起，鲁姆苏丹在他的帝国城市中扎根。

一个威尼斯人，贾科莫·德·兰古斯基（Giacomo de'Languschi），或者叫兰古斯托（Langusto），在征服期间遇到了"征服者"穆罕默德二世。他这样描述穆罕默德：

> 一个 26 岁的年轻人（实际上他在 19—21 岁之间），肤色匀称，身材高大魁梧，双臂修长，外表令人生畏，不苟言笑，求知若渴，生性慷慨大方，目标坚定，胆识超群，像马其顿王国的亚历山大一样渴望名誉。他每天都要人给他读罗马历史和其他历史……教皇、皇帝、法兰克国王、伦巴第人的编年史；他会说三种语言，土耳其语、希腊语和斯拉夫语。他孜孜不倦地寻找关于意大利的情况……教皇的所在地，皇帝的所在地，以及欧洲有多少个王国。他有一张地图，上面标记了这些国家和省份。没有什么比研究世界形势和战术能给他带来更大的满足与快乐了。他是一个精明的探索者，对统治充满渴望。这就是我们基督徒要面对的人……他很机警，能够忍受疲劳、严寒、酷暑、口渴和饥饿。他说，时代变了，他将从东方走向西方，就像西方人走向东方一样。他说，世界帝国必须是一个整体、一个信仰和一个王国。要实现这种统一，世界上没有比君士坦丁堡更合适的地方了。

君士坦丁堡被征服之后，最后一块拼图已经落位。苏丹连接了亚洲和欧洲这两大洲的遗产；融合了塑造帝国的两个传统——伊斯兰和边疆。边疆战士的公国已经成为一个帝国，它的首领成了皇帝。

之后，穆罕默德的统治被无休止的军事行动所占据，行动的主要目的是巩固和完善他的帝国。许多之前受附庸或从属统治者控制的地区现在都直接纳入奥斯曼帝国的统治，这为下个世纪的征程铺平了道路。在欧洲，苏丹征服了摩里亚半岛上最后一批希腊封建领主，使塞尔维亚和波斯尼亚成为奥斯曼的行省，还征服了一些希腊岛屿；在亚洲，他从热那亚人手中夺取了阿马斯拉，从穆斯林埃米尔手中夺取了锡诺普，从希腊皇帝手中夺取了特拉布宗，最后征服了卡拉曼的安纳托利亚公国。然而，穆罕默德并没有进一步向东征服；当面对白羊王朝土库曼人的统治者乌尊·哈桑（Uzun Hasan）的挑战时，穆罕默德于 1473 年在埃尔津詹附近击败了他，但没有试图进一步扩大战果，而是回到他真正感兴趣的西方。在 16 世纪的史家凯末尔帕夏扎德（Kemalpashazade）引用的一段对话中，苏丹解释了他的行动。出于国家利益，用火和剑惩罚乌尊·哈桑是正确且必要的；但摧毁他的王朝是错误且不体面的，因为"试图摧毁伊斯兰人民伟大苏丹的古老王朝并不是一个好的做法"。此外，这会分散苏丹对欧洲"圣战"的注意力。

然而，下一轮伟大的扩张正在东方酝酿，并将产生深远的影响。据说穆罕默德二世在他去世前正在准备一次东征，目的地不明。在他的继任者巴耶济德二世（1481—1512 年在位）的统治下，帝国没有重大的发展。巴耶济德是一个性情温和而虔诚的人。土耳其人把他称为"圣徒"，他以建造清真寺和修道院而闻名。总的来说，他的统治处于一个停滞期，在这个时期内，奥斯曼帝国重建并

28

发展了新首都，完善了新帝国的结构。在欧洲，他们与波兰人、匈牙利人以及威尼斯人和教皇盟友之间的间歇性战争在 1503 年结束，土耳其人在摩里亚半岛和亚得里亚海又获得了一些领土。此外，苏丹向基督教联盟许诺了七年的停战；他急于将注意力集中在东部重大而危险的发展上。

16 世纪早期发生了两次变化，从长远来看，这两次变化对奥斯曼帝国的国家和社会的发展产生了极其深远的影响。第一个是什叶派萨法维王朝在伊朗的崛起，第二个是奥斯曼帝国对阿拉伯的征服。

土耳其的安纳托利亚以及后来的鲁米利亚是整个伊斯兰帝国的新世界，是他们的殖民前沿，他们看待这里就像欧洲人看待美洲一样。即使鲁姆在政治上独立，但它仍然是突厥—波斯文化的殖民扩展，这种文化的中心在伊朗和中亚。在政府和行政、法律和神学、文学和艺术方面，塞尔柱人和之后的奥斯曼人仍然是东方的学生，并依赖来自东方的移民，管理和运营他们的政府。塞尔柱安纳托利亚的文学几乎全部用波斯语写成，早期的奥斯曼土耳其文学也是从波斯和中亚汲取灵感。1444 年，当苏丹穆拉德二世在瓦尔纳战胜十字军，俘虏了众多法兰克骑士后，他将这些重要而耀眼的俘虏游街示众，一路跨越伊朗直至赫拉特，向那里的公众展示他的胜利，这些古老的中心是他真正珍视和看重的地方。

在伊朗，一个异端王朝开始掌权，其中心位于西北地区，靠近奥斯曼的边界，从而在这两个国家之间竖起了一道不可逾越的障碍——宗教和恐惧。伊朗有数百万逊尼派穆斯林；而在安纳托利亚，至少有数十万什叶派教徒，他们可能被怀疑支持异端的波斯国王。奥斯曼苏丹和萨法维沙阿（Shah）① 视彼此为眼中钉、异端和篡位者。

早在 1502 年，巴耶济德就已经意识到波斯什叶派君主对奥斯曼帝国的威胁，并下令将小亚细亚的什叶派群体驱逐到摩里亚半岛，并在波斯边境集结军队。1511 年，什叶派在安纳托利亚中部的起义凸显了这种危险。面对日益增长的威胁，年迈的苏丹被迫退位，让位给他的儿子塞利姆一世（Selim Ⅰ，1512—1520 年在位），由他领导奥斯曼帝国与波斯的伊斯玛仪一世进行不可避免的战争。1514 年 8 月 23 日，在土耳其和波斯边境附近的查尔迪兰（Chaldiran）平原上，奥斯曼帝国的禁卫军和炮兵彻底击败了伊斯玛仪一世的军队；9 月 7 日，苏丹占领了波斯首都大不里士。然而，尽管奥斯曼帝国取得了胜利，他们却无法在伊朗高原上维持自己的地位，于是便撤回到安纳托利亚，留下了战败和受辱的伊斯玛仪一世继续掌握着他的什叶派伊朗帝国。土耳其对什叶派以及波斯对逊尼派的残酷镇压，用殉道者的鲜血浇灌了他们彼此之间的仇恨和恐惧。

此后，奥斯曼帝国和波斯帝国之间的嫌隙，几乎不亚于奥斯曼帝国和西方基督教世界之间的嫌隙，而伊朗本身则成为奥斯曼帝国和它们在更遥远东方的逊尼派兄弟之间的阻碍。土耳其人与曾对它的发展做出了巨大贡献的波斯和中亚相隔绝，它现在只能依靠自己的精神和智力资源了。

在奥斯曼人接管阿拉伯土地之后，这些资源开始从一个完全不

---

① 波斯语中古代帝王的头衔。——译者注

同的源泉中得到滋养。1516—1517 年，一场战役迅速摧毁了风雨
飘摇的马穆鲁克王朝，使叙利亚和埃及并入奥斯曼帝国。这样一
来，奥斯曼人在某种程度上控制了西阿拉伯地区，包括麦加和麦地
那这两座圣城。从埃及开始，奥斯曼帝国的宗主权向南延伸到红海
两岸，向西延伸到巴巴里海岸，直至摩洛哥边境。在东方，奥斯曼
人成功从波斯人手中夺取了伊拉克，并将权力扩展到波斯湾沿岸。

除了摩洛哥苏丹国以及一些山区和沙漠的要塞仍然保持独立
外，整个阿拉伯世界都在奥斯曼帝国控制之内。获得了如此庞大
的、有自己古老传统的领土和人口，奥斯曼政府的本质必然会发生
改变。

当然，在征服之前，土耳其就已经受到了阿拉伯的影响。波斯
语是优雅和文学的语言，而阿拉伯语是神学和法律的语言，相当一
部分奥斯曼宗教人士要么来自阿拉伯地区，要么在那里接受过教
育。但是奥斯曼文明起源于东方，而不是南方，起源于塞尔柱和蒙
古时代发展起来的新兴的充满活力的波斯—突厥文化，而不是马穆
鲁克帝国时期衰落的白银时代的阿拉伯文化。东方之门的关闭以及
阿拉伯土地的并入，使阿拉伯对奥斯曼帝国产生了新的影响；阿尔
及利亚海盗、埃及香料商人、叙利亚神学家，都来到了新的帝国首
都，并影响了这里的生活。

苏莱曼统治时期（1520—1566）被认为是奥斯曼帝国权力和荣
耀的巅峰，土耳其人称他为"立法者"（*Kanuni*），欧洲人称之为
苏莱曼大帝。佛兰德的使臣奥吉尔·吉塞林·德·布斯贝克
（Ogier Ghiselin de Busbecq）对这位苏丹的描述非常准确：

如果你问我苏莱曼是怎么样的人，那么我会告诉你，他是一个高贵的人，他有着与其地位相称的庄严容貌和身材；尽管他本可以按照他们自己的宗教规则获得更大的自由，但他从小就非常节俭克制。他年轻的时候，既不喝酒，也不沉溺于土耳其人非常喜欢的男子气概，所以即使是他的敌人也难以对他过分指摘；但是他十分宠爱自己的妻子，这种过度纵容导致了其子穆斯塔法的死亡，然而这个罪行通常被归咎于他的妻子使用附魔和情感药剂对他进行控制。可以确定的是，自从他正式迎娶他的妻子后，他就没有与其他女人发生过关系，尽管他们的法律并没有禁止这种行为。他是一个严格遵守伊斯兰教法的信徒，不仅渴望扩大自己的帝国疆域，也十分热衷于传播伊斯兰信仰。

他已经 60 岁了，对于一个这个年龄的人来说，他的健康状况还算不错，但他的脸上却透露出一丝病态，据说是大腿上的坏疽或溃疡导致的；尽管如此，在接见大使等重要场合，他会用浓妆来掩盖病容，以便在外国王室面前显得健康强壮，从而让外国君主们更加敬畏他。

在欧洲，奥斯曼帝国没有停下扩张的脚步。他们在 1522 年夺取罗德岛，确立了奥斯曼帝国在东地中海的海上霸权；1521 年占领贝尔格莱德，1526 年在莫哈奇战役中取得重大胜利，为征服匈牙利开辟了道路，拉开了与哈布斯堡王朝在中欧艰苦持久斗争的序幕。在南方，奥斯曼帝国军队进入了阿拉伯南部和非洲之角；在东方，奥斯曼帝国已经在巴格达，甚至一度在大不里士建立了统治；

在西方，巴巴里海岸的海盗国家也臣服于苏丹的宗主权之下，它们将奥斯曼帝国的势力范围扩大到了西地中海，甚至积极参与直布罗陀海峡以外的袭击。1529 年，奥斯曼帝国军队围攻了维也纳；1537 年，一支奥斯曼远征军试图将葡萄牙人驱逐出印度洋；1553年，苏丹率领军队进入波斯；1555 年，一支奥斯曼海军试图夺取马耳他。直到很久以后，人们才意识到这是奥斯曼帝国的巅峰时刻。

帝国的广阔疆域和军事实力与其蓬勃发展的经济、庄严不苟的政府和丰富灿烂的文化齐头并进。在苏莱曼前辈们的领导下，帝国首都已经得到了极大的发展，变成了一个广阔而繁华的大都市，吸引着众多富有雄心和才华的人。诗人、学者、艺术家、建筑师、使臣和宗教人士纷纷涌向伊斯坦布尔，使这个由多种传统融合而成、新兴而充满活力的奥斯曼文明熠熠生辉。在苏莱曼苏丹的时代，这个文明取得了最伟大的成就，而且在很大程度上是在苏莱曼的支持下取得的。巴基（Baki，1526—1600）被称为"诗王"，他的父亲是"征服者"的清真寺的一名宣礼员，他为当时仍在位的苏莱曼写过颂词，并为他的逝世写了一首悼词；奥斯曼帝国最杰出的建筑师锡南（Sinan，约 1489—1588）在城市中修建了壮丽的清真寺，其中最优秀的一座是苏莱曼尼耶清真寺，那里也是苏莱曼的陵墓所在地；埃布苏德（Ebu's-Suud）是奥斯曼帝国最著名的教法学家，他是首都的首席穆夫提，也是苏丹的密友。年迈的苏丹在前往匈牙利参加最后一次战役的途中，给埃布苏德写了一封感人的私人信件，信中称呼他为"我同呼吸共命运的同伴，我来世的兄弟，我正确道路上的同志"。

在围攻匈牙利希吉特瓦尔期间，苏丹于 1566 年 9 月 6 日凌晨在帐篷中辞世。围城战仍在进行中，王位继承人却远在他乡。于是，大维齐尔索库鲁·穆罕默德帕夏（Sokollu Mehemmed Pasha）决定保守苏丹去世的秘密。苏丹的遗体部分进行了防腐处理，并被抬着走了三个星期，直到他们收到消息称塞利姆二世已经顺利登基。这时，苏丹去世的消息才公之于众。苏莱曼的心脏被埋在希吉特瓦尔附近的一座陵墓里；他的身体被带到伊斯坦布尔，并放置在苏莱曼尼耶清真寺预先准备好的墓穴里。

帷幕后已故的苏丹仍然指挥着他的军队作战，这似乎预示着帝国接下来的命运。在苏莱曼死后的一个多世纪里，奥斯曼帝国保持了强大的实力，并于 1683 年发动了对维也纳的第二次大规模进攻。但它的气数已尽，接连上位的昏君没能延续帝国的辉煌，这象征着更深层次的衰败，这种衰败在伊斯坦布尔表现得淋漓尽致。但是奥斯曼帝国的衰落是缓慢的，它顽强地抵抗着衰落的趋势，多次出现复兴的迹象。在 17 和 18 世纪的盛景余晖之下，奥斯曼文化依然不乏一些杰出的创造。

第三章
君主与统治者

　　奥斯曼苏丹是穆斯林君主。关于他的权力以及权力范围的来源、性质和限制的唯一理论解释来自穆斯林教法学家、书记官及其门徒。关于帝国国家和主权的理论来源于伊斯兰教法；关于治国方略和政府的著作则几乎就是中世纪阿拉伯尤其是波斯道德与政治研究的本地化版本，它们成了地方长官和统治者的手册。

　　起初，奥斯曼国家只是一个边疆的公国，其领袖的头衔不过也就是边疆统领 (*uj begi*) 或加齐统领，即那些在伊斯兰"圣战"中与异教徒作战的战士的首领。奥斯曼早期的统治者对于"加齐"的头衔十分青睐。在 1337 年的一段碑文中，奥斯曼的第二位统治者
奥尔汗称自己为"苏丹，加齐苏丹之子，加齐，加齐之子……边疆领主，世界英雄"。14 世纪的诗人艾哈迈迪 (Ahmedi) 将加齐定义为"真主宗教的工具……清除世界上多神论污秽的真主之仆……真主之剑"。艾哈迈迪的奥斯曼史诗是奥斯曼历史上最早的文字资料。奥斯曼的统治者被邻国称为国君（王公或埃米尔），更多情况下称为边疆君主或边疆统领。随着奥斯曼人统治的领土不断扩大，特别是当他们吞并了大部分安纳托利亚古老的伊斯兰土地之后，奥斯曼

国家的结构和内核开始发生某些根本性的变化，变得不再那么像是一个边疆公国，而更像是一个古典的伊斯兰帝国。

在奥斯曼帝国的统治者中，第一个对这些新变化做出明确而有力回应的是"雷霆"苏丹巴耶济德一世。他采用"鲁姆苏丹"的头衔，宣称自己是塞尔柱的继承者，是一个伊斯兰帝国的君主。

但是，巴耶济德这样做为时尚早。在此后的几年里，他对安纳托利亚的征服失败了，还成为帖木儿的囚徒，最终在绝望中自杀。虽然这次失败在当时看起来很可怕，但那只是暂时的。在巴耶济德的继任者的领导下，奥斯曼帝国的扩张和转型仍在继续。

在征服君士坦丁堡大约 50 年后，土耳其历史学家图尔松贝伊写了一部征服者的历史，并将其献给了"征服者"穆罕默德的儿子，也就是穆罕默德的继承人巴耶济德二世。在这本传记的序言中，图尔松就君主制的必要性和本质提出了一些看法。

他说，人从本质上讲是政治的和社会的，他们的生活方式和谋生方法要求他们生活在群体中。学者将这种群体称作文明共同体，通俗来讲就是城镇、村庄或游牧部落。人们需要互相帮助，群居的愿望也因此深入人心。然而，因为人们在天赋、习惯和欲望上必然会有所不同，所以他们往往会发生冲突。如果不加以控制，这些争端和冲突会破坏互助的目的，最终导致人们自相残杀。因此，需要建立一种每个人都能找到其合适位置的组织形式，确保他们满足于自己的权利，又不会侵犯他人的权利。这样就可以确保有效的互助，每个人都可以各司其职。这种组织被称为政治体或政治社会。如果它符合神圣律法和理性的基本原则，使人们可以获得现世和来世两种幸福，那么它就是哲学家们所称的神圣政体，建立这种政体

38

的人被称为立法者。宗教人士称这种律法为沙里亚（*Shari'a*），即伊斯兰教法，而制定它的人被称为先知。

但是，如果这个组织没有达到上述水平，只是统治者根据自己的意愿管理事务，如蒙古的成吉思汗，那么它就被称为君主政体，或苏丹专制。

无论是哪种制度，它的存在和延续都取决于是否存在一个君主。并不是每个时代都需要有一个先知，但必须有一个君主，否则就会出现无政府状态。

因此，君主是必要的，他所馈赠的利益是所有人共享的。对君主的感激、尊重和服从也在《古兰经》和伊斯兰传统中得到过确认。

在阐明了君主和服从的必要性之后，图尔松详细讨论了君主应具备的品质，并说明了这些品质如何在奥斯曼苏丹身上得以体现。他列举了统治者的四大美德：正义、宽容、节制和智慧。在这四者中，正义无疑是最重要的。所有人都需要正义，即使是强盗和土匪也有他们自己的首领，他们将战利品公平地分配给每个人，否则这个团体就无法持续。正义意味着维持世界的正常秩序，使每个人各司其职、各得其所，防止他人的权益遭受侵害。

在当时那个哈里发帝国式微、西方思想渗透的时期里，图尔松的思想与伊斯兰法学、希腊哲学和波斯治国之道相呼应，成为奥斯曼帝国甚至是其他伊斯兰政体主流政治理论体系的典型代表。如同奥斯曼帝国多元文化中的众多事物一样，这种思想也反映了多种不同趋势和传统的融合。

这些思想中最重要的无疑是各种形式的伊斯兰政治传统。伊斯兰教诞生于一个小镇，生活在那里的民族刚刚脱离游牧不久，仍然由选举产生的部落首领统治，这些首领实际上是有威望、身份和财富的寡头。伊斯兰教最早的政治记忆就是根据部落习俗选举首领进行统治。这些记忆早已被载入早期伊斯兰教法学家的经典表述中；尽管这些记忆很少甚至从未付诸实施，但从那时起，它们就一直扎根于伊斯兰政治思想的背景之中。

在伊斯兰教法学家的理论中，人是没有立法权的。所有的法律都源于真主，真主是法律和权力的唯一来源。伊斯兰教法是经真主启示并颁布的，由授权的权威解释阐述的，是神圣而不可变更的。法律先于君主存在，君主不制定法律，但受到法律的约束。君权是神圣法律的一种表现形式，二者相互维护，使世界免于遭受因人为破坏而导致的崩溃。因为君主是法律的守护者，服从君主是一种宗教义务，所以，不服从既是宗教意义上的罪恶，也是法律意义上的犯罪。

理论上讲，君主并不是绝对的权威。他必须像最卑微的奴隶一样，遵循、维护教法。他不能修改法律，更不能废除法律，因为只有真主可以制定法律；只有真主诫命的解释者才能解释他的意图，也就是说只有伊斯兰教神学家、伊斯兰教法学家才能够解释法律。如果君主的命令违背了教法，那么服从的义务就失效了，因为正如伊斯兰教法学家所说，"无须顺从罪恶""无须顺从违背主的人"。

但事实上，这并没有对君主专制施加过多的限制。一方面，法律本身承认君主拥有事实上的绝对权力。另一方面，法律和法学家从来没有回答甚至提出过一个问题，即如何检验君主的命令是否合法，如果君主违反法律该如何处理。一般来说，公众舆论的力量会

41

迫使穆斯林统治者至少在表面上尊重伊斯兰教的基本信仰和仪式。但实际上，甚至在理论上，民众的习俗和统治者的意志已经成为法律的来源，并拥有自己的执行机构。

当希腊的政治思想，尤其是柏拉图和亚里士多德的政治思想被穆斯林所熟知后，伊斯兰政治理论就有了新的形式。10世纪的土耳其哲学家阿布·纳斯尔·法拉比［Abu Nasr Al-Farabi，中世纪的欧洲称其为阿尔法拉比乌斯（Alpharabius）］对柏拉图《理想国》中的思想进行了修改，使之适应伊斯兰信仰，他的作品对后来的学者产生了深远的影响。在法拉比的伊斯兰版本的《理想国》中，主权变得更加个人化、宗教化，也更加专制。"理想国"成为一个由共同信仰联系在一起的"模范城邦"，国家也融入了"哲学王"的人格，王虽然不是世袭的，但他是宗教领袖，在神圣的权威和准许下拥有了巨大的权力。

比希腊哲学更有影响力的是波斯的智慧和治国之道，通过早期波斯著作的阿拉伯语译本和改编版，以及波斯政治家和统治者的个人影响，这些作品得以广泛流传。

考初贝伊在1630年献给苏丹穆拉德四世的一篇论著中指出，自最早的哈里发以来，没有一个王朝的统治者像奥斯曼苏丹那样忠诚于伊斯兰教、尊重教法学家和教义。这绝不是夸大其词。土耳其统治者对宗教的热忱，在塞尔柱王朝时期就已经开始显现，在奥斯曼帝国时期继续发展。奥斯曼苏丹使伊斯兰教法成为国家的有效法律，在这一点上他们走得比其前辈更远；同时，苏丹身上也体现出一种强烈的使命感和对神圣宗教的责任感。诚然，当时盛行的伊斯兰政府理论显示出从伊斯兰理想向实用性的转变，但与之前的君主相比，早期奥斯曼苏丹的国家行为明显可以看出从实用性向伊斯兰理想的回归。

　　在众多因素的影响下，伊斯兰的政治和政府传统在历经长期痛苦之后，最终以一种成熟的形式进入奥斯曼帝国。也许正是因为这个原因，这一传统能够成为国家管理的指南，提供一套治国之道和政府规则，这些规则是职责和义务理论的实际应用。

　　当奥斯曼人从边疆公国崛起为穆斯林苏丹国时，他们继承了土地、治国之道和帝国的复杂遗产。但他们也是鲁姆苏丹，有些人还把奥斯曼帝国的伊斯坦布尔视为穆斯林的第三罗马。米尔顿称苏丹为"拜占庭的苏丹"，但他真的是土耳其鲁姆的皇帝吗？苏丹的帝国与政府机构是否只是换了名字和外衣的拜占庭帝国？这种理论一度得到了一些支持，但经不起批判性的检验。奥斯曼人在14和15世纪见到的拜占庭帝国早已不再是君士坦丁、查士丁尼甚至赫拉克利乌斯时期的帝国了。那时的拜占庭只是帝国余晖中苍白无力的残余，而且在法律、政府，甚至是主权制度方面已经半数西方化了。奥斯曼帝国在1453年的最后胜利只是为这个行将就木的帝国唱响了最后的挽歌。拜占庭的遗产早已被不同的继承者占有、带走。

　　土耳其人也继承了一部分早期遗产。希腊、罗马甚至拜占庭的某些东西已经成为古典伊斯兰教本身的一部分，并作为伊斯兰遗产中一个不易察觉的组成部分出现在土耳其人面前。在这一点上有一个重要的例子，那就是当图尔松在16世纪引用柏拉图《理想国》时，他引用的是中世纪波斯语和阿拉伯语文本，而非拜占庭或希腊的版本。在拜占庭帝国还意气风发的时期，希腊人和土耳其人就在安纳托利亚长期共存，这无疑对塞尔柱王朝产生了影响。这些影响

43

44

体现在日常的经济和社会事务以及当地的风俗习惯中的方方面面，但是在政府和行政管理中却难见踪影，因为拜占庭式的组织已经被摧毁和消除，取而代之的是古典的伊斯兰政府系统，其模式和人员主要来自东方的苏丹国。奥斯曼帝国的政府理论和实践来源于鲁姆苏丹，而不是罗马早期或晚期的皇帝。

鲁姆苏丹头衔最重要的特点是它表达了确定的领土主权之意。塞尔柱人曾经是伊斯兰国家的苏丹，他们在这个伊斯兰国家中行使唯一的、不可分割的世界性权力。鲁姆的塞尔柱人及其继承者奥斯曼人是鲁姆的苏丹，也就是说他们是一个明确的国家和族群的苏丹。鲁姆的土地是安纳托利亚，土耳其人甚至一度用他们居住的国家的名字称呼自己，即自称为鲁姆人。奥斯曼帝国向欧洲的扩张进一步强化了这种情况。鲁姆的土地（这里指拜占庭帝国，或者更确切地说是希腊东正教基督徒世界的土地）包含了欧洲和亚洲的领土，因此，这个国家某一重要地区的新主人（也即奥斯曼人），试图夺取其全部土地是很自然的事情。因此，在鲁姆安纳托利亚的旧土地上又增加了名为鲁米利亚的新领土，两者共同构成了鲁姆苏丹的遗产。

在 15 世纪奥斯曼帝国的著作中，这个国家通常被称作鲁姆国，君主通常被称为鲁姆苏丹。这使他区别于其伊斯兰邻国——波斯和埃及的君主，同时也表达了其领土的范围与边界。征服君士坦丁堡标志着一个发展进程的结束，而非开端。

半个世纪后，塞利姆一世发动了对伊斯兰邻国的战争，亚洲和非洲的阿拉伯土地并入奥斯曼帝国，这些都强化了其伊斯兰帝国的传统。

帝国现在不仅包含鲁姆，还包含了伊斯兰世界的心脏地带：阿拉伯的两座圣城、哈里发的所在地大马士革、巴格达和开罗。此时的埃及苏丹已经去世，作为异端的波斯国王也被排挤出逊尼派伊斯兰世界，只有奥斯曼苏丹仍然是伊斯兰国家的正统统治者。当然，像在摩洛哥、中亚河中地区和印度这样的偏远地区仍然存在逊尼派君主，但是它们地处偏远，没有太大的影响。从北非到整个中东，现在只有一个逊尼派苏丹，除了那些被异教徒或异端侵占的土地，他统治着哈里发的所有土地。

在苏莱曼大帝的律法（*Kanun*）序言中，苏丹称自己是"阿拉伯人、波斯人和鲁姆人的苏丹"。苏莱曼因此宣称对古典伊斯兰教的三大族群拥有主权。他的头衔也从"鲁姆苏丹"变为了"伊斯兰帕迪沙"（*Padishah-i Islam*）。奥斯曼史学家通常用"帕迪沙"这个头衔来称呼他们的君主。到这里，奥斯曼君主的头衔也完成了一个轮回；奥斯曼帝国的苏丹不再是区域性宗主权的代表，而是有了一个更具普遍性的头衔，这使他成为中世纪伊斯兰教伟大的世界帝国的继承人。这一变化不仅体现在头衔上，最明显的表现是人们对古典伊斯兰历史和法学日益增长的兴趣，对正统伊斯兰法律体系的阐述，以及伊斯兰教法学家不断提升的影响力。

因此，在两个世纪的过程中，奥斯曼帝国的君主权经历了三个主要阶段：边疆统领、鲁姆苏丹、伊斯兰帕迪沙。

草原民族对这种稳定性的一个重要贡献是确立了一套稳定的王朝继承原则。伊斯兰法学理论认为，国家元首应经过选举产生。事实上，选举原则只停留在理论层面，大到哈里发小到行省的总督，伊斯兰教由一系列世袭的统治集团所控制。但是，选举原则仍然强

46

大到能够阻止建立任何常规和公认的继承规则。

土耳其人提出了一个新观念。早在 8 世纪的突厥铭文中，就出现了君权神授的观念：上天挑选出一个家族来统治突厥人，更笼统地讲，还要统治突厥人之外的其他民族和土地。同样的观念也以伊斯兰形式出现在塞尔柱帝国，帝国统治者声称他们继承了上天赐予的神圣王权。在蒙古可汗的官方文书中也有同样的观念。对突厥人和蒙古人来说，主权是家族的财产，可汗或苏丹的整个家族都有权分享主权。我们观察到，这一原则在塞尔柱帝国得以践行：统治者的兄弟和堂兄弟都被允许享有一部分主权。在蒙古人统治下，整个被征服的庞大帝国被划分为若干封地，分给了成吉思汗的儿子或孙子。安纳托利亚各公国中也存在这种情况，也许奥斯曼帝国早期任命王子担任行省长官的做法也是一个例子，行省长官拥有一个小型朝廷。

年轻的王子们在大约 14 岁的时候经历割礼仪式进入成年，这之后他们会被派往安纳托利亚各行省，并对当地进行管理，在这期间会有人来考察他们的能力并向中央上报。在时机成熟时，他们中的一个会被选为继承人。为了避免有争议的继承权所带来的危险，奥斯曼帝国实行了所谓的"弑兄法"。这种做法大概率是一种古老的传统，因为 1383 年去世的拜占庭皇帝约翰六世坎塔库泽努斯将其称为既定规则（nomos）。在"征服者"穆罕默德统治时期，这种做法获得了"宪法"效力，出现在帝国的基本法律中：

> 无论我的哪个儿子被允诺继承苏丹之位，他都应该处死他的兄弟，以维护世界的秩序。大多数乌莱玛都允许这种做法。

因此，让他们依此行事。

这条法律背后的原则古老又平常，那就是一个或几个人的死亡总要好过世界陷入混乱。灵活的神学家们只需要发挥一点自己的解释能力，便能够轻松地在《古兰经》中找到权威的对应，"分歧比杀戮更可怕"（2：191，217），当然这二者使用的语境完全不同。

48

在征服君士坦丁堡后大约一个半世纪里，苏丹继续执行"弑兄法"。每一位新苏丹继位时，他的兄弟就会被丝质弓弦勒死，这是一种为最尊贵的人准备的处决方式，因为他们的流血会被视为对神的不敬。来到土耳其的欧洲人对这一法律感到恐惧，他们也许熟悉王室的谋杀，但并不熟悉这背后的法律。然而，这项法律确实保护了奥斯曼帝国免受王室争端和战争的影响，这些争端和战争在其他地方引起了很多麻烦。

1595 年，苏丹穆罕默德三世继任后，下令处决他的 19 个兄弟，据说还包括 15 个怀孕的女奴。这也是最后一次进行这样的屠杀。苏丹穆罕默德三世于 1603 年去世时，只留下两个儿子，艾哈迈德和穆斯塔法，一个 13 岁，一个 12 岁。这时，王朝的命运取决于两个未经考验的男孩，处决其中一个风险太大。最终，艾哈迈德成为苏丹，穆斯塔法幸免于难。1617 年艾哈迈德一世去世时，他的长子才 12 岁，于是，已故老苏丹的弟弟穆斯塔法继位。从这时起，奥斯曼帝国采用了长男继承制（ekber evlat sistemi），即将统治权传给在世王室成员中最年长的男性后代的规则。虽然这一规则有时过分强调生存，但总体来讲取得了相当不错的效果。艾哈迈德一世之子奥斯曼二世（1618—1622 年在位）成为奥斯曼帝国历史上第一个在叛乱中被赶下台并被弑杀的苏丹。在他之后，其他人也遭受过同样的命运。

随着"弑兄法"的实施，王子们不再被派往各行省对当地进行治理，而是在"卡菲斯"（*kafes*，笼子）中度日。这些"笼子"位于皇宫第四庭院。王子们和他们的母亲、女人和奴隶一起在那里过着奢华的监禁生活，当他们从那里出来的一刻，迎接他们的要么是死亡，要么是王冠。

在这种体系下，17 和 18 世纪统治帝国的苏丹大多精神或身体虚弱，有时甚至是危险的昏君。直到 18 世纪末，这一制度开始出现松动，真正有能力的苏丹开始再次出现。

图尔松说，国王最重要的品质是正义，这呼应了后来穆斯林政治思想的共识。先知有一个传统，即"一个小时的正义判决胜过六十年的礼拜"。这并不是对臣民权利的肯定，臣民的地位在另一句类似的说法中得到了充分的体现，即"六十年的暴政胜过一个小时的内乱"。然而，这确实反映了当时对于政府基本义务的普遍看法。甚至在著名的为塞尔柱人编写的波斯治国手册《治国策》（*Siyāset-nāme*）中也提到了一句阿拉伯人谚语："世界可以没有信仰，但不能没有正义。"许多后来的学者都对此表示赞同。

但究竟什么是正义？对古典法学家来说，正义意味着维护神授的伊斯兰教法。加扎利（Ghazali）是塞尔柱苏丹时代的作家，他将此作为正义与否的检验标准："伊斯兰教法将正义与非正义区分开来，让真主的宗教和先知的法律成为每一个去者之归宿、来者之家园。"

　　然而，这种犹太人和圣保罗式的正义观，即将正义视为对神圣和道德律法的维护与遵守，被另一种不同来源的观念所掩盖。在绝大多数东方苏丹国的伦理和政治作家中，正义的基本含义是平衡与均势。社会被划分为不同阶层，每个阶层都有其适当的位置和角色。正义的首要任务是保持每个社会阶层和个人在其中的适当位置，从而维护国家的稳定和秩序。这种观念是图尔松从 13 世纪的波斯人奈绥尔丁·图西（Nasir ad-Din Tūsi）那里借用来的，在伊斯兰教中，这种思想可以追溯到 10 世纪哲学家法拉比的伊斯兰化"理想国"，还可以进一步追溯到柏拉图的"理想国"原型。这种学说很符合那个时代的要求，在当时那个时代，早期松散多变的社会秩序已经让位于更加严格的阶层制度，在这个制度中，阶层和职能壁垒得到了强化。

　　奥斯曼苏丹总是试图在其权力的各个要素之间寻求一种平衡。事实上，那些研究奥斯曼帝国权力和影响力下降的人给出的最受欢迎的解释之一就是这种平衡被打破了。但几个世纪以来，主要群体的组成以及他们之间的关系不可避免地发生了许多变化。

51

　　现代的观点倾向于将历史解释为由经济决定的阶级之间为控制国家而进行的斗争。这种观点形成于西方，无论它与西欧的历史有多大的关系，都对理解东方社会没有什么帮助。显然，奥斯曼帝国存在经济上的阶层，他们之间的斗争也不少。然而，与国家相比，他们对财产的保护和控制仍然过于薄弱；阶层过于模糊松散，无法发挥其作用。比统治阶级（如果确实有这样一个阶级的话）更重要的是统治精英，即在君主的权威下实际控制政府日常工作的小型、独特又相互关联的群体。这批行政或军事精英不是根据阶层来定义的，而是根据技能、职业和征募方法来定义的。他们的形成、竞争和变迁对于理解土耳其国家的历史至关重要。

奥斯曼帝国起初是一个由边疆战士组成的公国，占统治地位的是边疆战士本身。他们生在边疆、长在边疆，他们的职业是打仗，他们的收入是战利品，他们的宗教是神秘的、非教条式的托钵僧信条，他们的精神向导是托钵僧。然而，奥斯曼的加齐与他们遇到的基督教战士之间有很多共通之处：他们拥有共同的职业和生活方式，共同的衣着、食物和习惯，甚至有时由于突袭和囚禁的原因，他们之间还会产生血缘和语言关系。

几个世纪以来，伊斯兰教的士兵阶层一直是突厥人，而奥斯曼的加齐不论从出身还是语言来看，大多也都是纯正的突厥人。他们中的一些是前往西部边境的冒险家或雇佣兵长官，一些是已经移民或者被流放的土库曼部落成员。然而，很快就出现了对当地人的征募，这些人是皈依伊斯兰教的希腊人，他们与穆斯林同呼吸共命运，其中一些皈依者还发挥了领导作用；在奥斯曼帝国最古老的四五个贵族中，至少有两个是希腊血统。

随着奥斯曼帝国的势力扩张到巴尔干半岛，许多斯拉夫人和阿尔巴尼亚人也加入了希腊人的行列，出于各种原因，他们决定为奥斯曼帝国效力。通过征服，加齐们成了欧洲广阔土地的主人，在这里，一个半西方化的基督教贵族或多或少享有西方封建式的特权。其中一些加齐在苏丹的授意下作为地主定居了下来。正是从这一时期开始，我们发现奥斯曼帝国的军事和社会体系中出现了一些创新（其中一些可能源自西欧）。其中最重要的是特权军人阶层的概念，即所谓的"阿斯凯里"（askeri），他们凭借出身和血统享有一定的特权地位。

传统的伊斯兰社会虽然存在政治专制主义和无为主义，但却是主张社会平等的。它从未发展出像东边印度教社会的那种种姓制度，或西边基督教社会的那种贵族特权。

在奥斯曼帝国早期，我们第一次在伊斯兰历史上发现了一种类似于真正的世袭贵族的阶层——阿斯凯里，即特权军人阶层。特权军人在法律上没有封建或贵族特权。他们没有世袭的封地、职位或地位，所有这些权力都可以由苏丹随意授予或撤销。但事实上，苏丹通常只会将这些领地或职位授予特权军人阶层的成员，所以即使他们实际上并未拥有任何封地或任命，他们也仍然会被认为是其拥有者。军人和臣民之间有着明显的区别。虽然二者同样受到伊斯兰教法的约束，但与普通臣民不同，军人受首席卡迪（*Kadi-asker*）[1] 的特别管辖，而非普通卡迪；在行政、财政和纪律问题上，他们受苏丹颁布的特别法规的管辖。这确保了他们拥有普通臣民所没有的重要特权和豁免权，例如可以携带武器、骑马或持有封地。

阿斯凯里指的是一种社会阶层而非职业，这一点可以从下面这个事实中看出来：特权军人阶层包括了退休或退役的士兵、苏丹和军人的自由奴隶、军人和宫廷宗教人士的家眷。苏丹可以颁布法令，将军人降级为臣民，或者将臣民提拔为军人以表示对其杰出服

---

① *Kadi-asker* 的字面意思是军事法官，是奥斯曼帝国的首席法官，最初，他的管辖范围涉及军人的案件，后来军人的案件只由军队法官审判了。奥斯曼帝国有两名首席法官，他们的管辖范围分别涉及帝国的欧洲和亚洲部分。他们开始时隶属于首席大臣（大维齐尔），后来隶属于谢赫伊斯兰（即大教长）。他们对伊斯坦布尔没有管辖权。此外，他们有权出席御前会议。——译者注

务的奖励。这两种情况在早期并不常见，而且军人即使被降级，也仍然会被视为一个区别于臣民的群体。另一方面，将臣民提拔为军人被视为与帝国的基本政策相悖。这种做法被认为十分危险，考初贝伊在 1630 年的作品中指出了这一问题，后来的奥斯曼帝国历史学家也认为这是奥斯曼帝国衰落的原因之一。

早期奥斯曼制度的一个重要特征是，军人和臣民之间的区别既不是基于纯粹的种族，也不是基于纯粹的宗教。亚洲的非军人穆斯林农民和市民与欧洲的基督徒一样都是臣民。此外，巴尔干地区的一些基督教军事贵族虽然加入了奥斯曼特权军人阶层，并由苏丹授予封地，但他们最初甚至没有正式皈依伊斯兰教。在 15 世纪奥斯曼的欧洲领土上，拥有封地的封建骑兵中有一定比例的基督教士绅；但是到 16 世纪，他们几乎都伊斯兰化了。

边疆战士们建立了一个国家；而封建士绅们正在建立一个帝国，他们的成功给奥斯曼社会带来了新的力量，即一个古典伊斯兰文明的代表。面对治理领土和管理人民的问题，奥斯曼帝国的苏丹们开始向东方以及传统的伊斯兰生活方式寻求帮助和指导。随着新领土并入伊斯兰世界，来自东方的神学家和管理者带着正统伊斯兰国家的技能、方法和原则来到了奥斯曼帝国的首都。早期奥斯曼国家的编年史在很大程度上反映了边疆战士的面貌，清楚地表达了他们对逐渐强加的政治与宗教正统观念的怀疑和怨恨。一部流行于 15 世纪的佚名编年史记载："当乌莱玛来到奥斯曼帝国王子们身边时，他们使用了各种诡计。在这之前，人们对账目和地籍一无所知。而他们到来以后，便开始组织对账目和地籍进行调查。他们还引入了积累资金和建立国库的做法。"

政府和法律、税收和登记、国库和受薪人员，所有这些对原有权力的侵犯都引起了加齐们的强烈不满，他们仍然对边疆那种快乐、无忧无虑的无政府状态抱有执念。伊斯兰国家的巩固也给他们带来了新危机，即宗教正统。边疆战士的宗教信仰一直是比较简单朴素的，他们很少关注教条或教法。于是，边疆的自由土地成了各种各样异端的庇护所，他们甚至在这里受到了欢迎，穆斯林和非信徒之间的界限也变得模糊不清，这让伊斯兰正统的支持者感到震惊。穆斯林和基督教士绅在奥斯曼帝国的军队中并肩作战，一种模糊、神秘、融合的信仰在二者之间达到了某种平衡。乌莱玛和伊斯兰教法的到来，在正统与异端、穆斯林与非穆斯林之间划下了清晰的界限，并在受害者中引起了激烈的反对。

卡拉·哈利勒·哈伊莱丁·钱达尔勒（Kara Halil Hayr ed-Din Jandarli）是奥斯曼第二和第三位统治者的维齐尔，也是钱达尔勒维齐尔家族的创始人，奥斯曼帝国的史学传统赋予他几乎造物主般的角色。钱达尔勒家族是乌莱玛阶层的成员，拥有并继承了大量财富，对商业、政治和政府有着深刻的理解。他们连同其他具有类似出身的人，开始联合成为一个行政官员、顾问和军官阶层，他们精通伊斯兰王朝的准则，忠于奥斯曼帝国的统治家族。

从古典伊斯兰国家进入奥斯曼帝国的一个特征就是奴隶制度。17 世纪，一位造访奥斯曼的英国人很好地总结了这种制度的性质和目的。他描述了这些"在战争中被抓走"或"来自边远地区"的基督教家庭出身的年轻人是如何接受训练和教育，从而"担任帝国的重要职务"的。他说：

这里的策略是显而易见的，因为基督徒儿童在接受其他原则和习俗的教育时，会对他们的父母产生厌恶；对于那些来自边远地区的人来说，他们没有熟人，也没有朋友。因此，从开始接受教育到进入政府，他们的利益不会和主人之外的其他任何人产生联系，他们受到的教育以及现实的必要性使得他们必须忠于主人。

专制统治者所面临的问题之一是要捍卫他们的专制权力，以抵御日益稳固的统治阶层所带来的危险以及这个阶层所施加的限制。一些地方即使没有那种经济实力雄厚的阶层，军人或官僚精英也会确立自己的特权地位，甚至可能是世袭特权。许多专制君主为了防止这些精英团体的形成，会对他们进行有效的控制。因此，专制君主需要一群没有根基且只忠于他的人，这些人的晋升并非取决于他们的等级、出身或地位，而只是凭借君主的意志，他们通过利益和忠诚同君主绑定在一起。

在不同的社会中，君主找到了不同的方法来招募和维持这样一个专制代理人阶层。在古代的波斯、中国，有时在罗马和拜占庭，宦官形成了一个官僚阶层甚至是士兵阶层，他们没有家族的野心，可以帮助君主对抗旧贵族，又不会形成一个新的贵族阶层。在欧洲，教会为国王提供了有能力、有学问、有抱负的人，这些人出于对上帝的爱成为宦官，并以同样的身份为国王服务。另一种方法是招募出身低微的人甚至是外国人来担任国家职务，并通过不断重新招募来防止他们成为世袭官僚阶层。在一段时间内，中国著名的科举制度可能就是为了达到这个目的。这种方法最成功的例子无疑还是伊斯兰的奴隶军队和奴隶政府。

在古代帝国，政治和军事上的奴隶并不鲜见，他们在波斯的帕提亚时期甚至处在相当重要的地位。然而，奴隶政府制度是在中世纪的伊斯兰国家达到了其最发达也最具特色的阶段。穆斯林史学家将奴隶军队的创建归功于哈伦·拉希德（Harun al-Rashid）之子即阿拔斯王朝的哈里发穆阿台绥姆（Mu'tasim，833—842 年在位）。据说，当穆阿台绥姆还是王子的时候就开始从中亚募集突厥奴隶，数量相当可观。在他成为哈里发后，又增添了更多的奴隶，并把他们编成卫兵团。他的大多数继任者都遵循了这种做法。

在小亚细亚，奴隶制度在塞尔柱苏丹国以及中部和东部的一些古老的突厥公国已经存在，但在边境公国之中并不存在这种制度。在加齐们看来，奥斯曼帝国之所以引入这种制度，是受到来自东方并干预帝国事务的神职人员的影响。根据最早期编年史的记载，一位来自卡拉曼的神学家卡拉·吕斯泰姆（Kara Rustem）向当时担任军队卡迪的卡拉·哈利勒·钱达尔勒指出，君主的财产正在流失。根据真主的旨意，五分之一的战利品属于君主，其中包括被加齐俘虏的战俘。卡迪向苏丹穆拉德报告了此事，穆拉德说真主的旨意必须服从。这位编年史作者带着明显的怨恨说："这个创新是两位神学家的杰作。"每五个俘虏中就会有一个属于苏丹。

许多年轻人被召集起来，带到了苏丹那里。哈利勒说："我们可以将他们交给土库曼人，让他们学习土耳其语，然后让他们成为我们的士兵。"现实也确实如此。就这样，年轻人的数量与日俱增，而且都成了穆斯林。他们在土库曼人那里生活几年之后，便会被带到皇宫，戴上白色的帽子，被称为"耶尼切里"（Yeni Cheri），意为"新军"。

59　就这样，被欧洲人称为禁卫军的著名军团就此诞生了。

　　苏丹的伊斯兰顾问们以真主的名义引入了法律和征税制——君主从战利品中获取五分之一并建立了"奴官制"。此时，土耳其人已经不再是奴隶，而是成为奴隶主。安纳托利亚土耳其人在当时已经是一个古老的信仰伊斯兰教的民族，他们受到伊斯兰法律和古老传统的保护而不受奴役。但是一个有效的替代方案已经准备就绪。正如几个世纪前，伊斯兰世界的中亚边境的穆斯林边疆战士俘虏并奴役异教徒土耳其人一样，现在，西部边境的穆斯林土耳其加齐们对他们的基督教敌人开战，并按照伊斯兰教的法律，也把俘虏当作战利品。与巴格达和伊朗的穆斯林哈里发与埃米尔一样，奥斯曼苏丹也在用外国奴隶组建军队——而这次是用基督徒俘虏。

　　然而，仅仅从战俘中招募是不够的且效果不佳。这种做法不仅不能定期引进新人，而且这些成年士兵肯定不像早期马穆鲁克军队中的柏柏尔青年那样容易被同化。14 世纪晚期，奥斯曼人采用了一种新的方法——著名的"奴官制"，即从基督教村庄中征募男孩到奥斯曼军队和政府服务。这一制度是否符合伊斯兰教法值得商榷，但最终还是被采纳并确立为奥斯曼帝国的制度，并一直持续到17 世纪末，甚至可能更晚。

60　　这种手段起到了一石二鸟的效果。一方面，保证了大量的奴隶供应，满足了苏丹军队和王室的需要；另一方面，鲁米利亚的有生力量得到了奥斯曼帝国的利用。每隔五年，就会有专门的官员在鲁米利亚（后来也在安纳托利亚）各地考察并挑选男孩。一般情况下，这些孩子会作为仆人或侍从被安排在封建骑兵（西帕希）身边，他们在这里皈依伊斯兰教、学习土耳其语。开始时，他们被送到一个据点，官员会将他们分配到不同部门为苏丹服务。大多数人会成为军校学员，最终进入禁卫军或者另外的领饷的常备军。最优秀的学员则会被分配到宫廷学校继续学习，在经过漫长而精心的培育后，他们会成为朝廷官员，有机会获得最高的政府职位，甚至可能成为大维齐尔，大多数担任这些高职位的人都是宫廷学校出身。直到 16 世纪末，禁卫军一直是通过这种方式进行征募的。任何自由穆斯林都不能进入禁卫军行列，甚至连禁卫军的后代也无法进入。

通过"奴官制"，再加上通过购买以及作为贡品获得的奴隶，苏丹召集了大批训练有素的士兵和行政人员，他们只对军队和皇室忠诚，同时还不会形成世袭的统治阶层。奴隶军被称为"门奴"（*Kapi Kulu*）①，这显示了他们与苏丹的关系，并将他们与那些出身自由但后来入伍的人区别开来。应该指出的是，他们的主奴关系更多的是政治性的，而不是法律性的。他们虽然是奴隶，但在财产、婚姻和个人地位方面仍然行使自由人的权利，在法律意义上不被当作奴隶对待；然而，他们被视为苏丹的财产，他们的生命和财产完全由苏丹支配。

61

---

① "门"在奥斯曼帝国特指苏丹的宫廷，"门奴"意味着这些人直接属于苏丹。——译者注

奴隶军和封建骑兵之间存在着明显的利益冲突，在这种冲突中，前者长期处于上风。但是二者并不总是泾渭分明的。在早期，许多封建骑兵都会雇佣奴隶随从，于是这些奴隶就进入了封建士绅阶层。奴隶军和封建骑兵都享有特权军人的地位，但随着时间的推移，土地持有形式发生变化，苏丹加强了对封建骑兵的控制。到了15世纪晚期，旧的贵族和封建骑兵正在失去影响力，奴隶出身的人在中央和地方政府中占有主导地位。火器的使用加速了这一进程，常设职业奴隶军团的重要性日益增加，封建骑兵团则相反。苏莱曼大帝统治时期，古典奥斯曼帝国体制达到顶峰，统治阶层的不同要素被整合进一个单一的中央统治机构中，君主对这一机构拥有绝对的控制权。

1553年11月，当时在叙利亚的英国旅行家安东尼·詹金森（Anthony Jenkinson）目睹了苏莱曼大帝和他的军队在征讨波斯途中的宏大场面。他描述了他们进入阿勒颇的情形：

> 在苏丹前面打头阵的是6000名西帕希骑兵（或称轻骑兵），他们身着猩红色服饰，十分英勇。
>
> 紧随其后的是10000名被称为Nortans的苏丹的附庸，他们衣着华丽，身穿黄色丝绒服饰，头戴同样面料的两英尺长的鞑靼式帽子，额头处戴着一件同色的华丽长巾，手中拿着土耳其式的弓箭。
>
> 在他们之后是四名军官，土耳其人称他们为掌旗官（Sanjak），他们身着深红色丝绒服饰，每人旗下有12000名士兵，这些士兵全副武装，佩戴头盔，腰别短剑，整齐有序地

行进。

之后便是 16000 名苏丹的奴隶——禁卫军。他们都是步兵，手持一把钩铳，穿着紫色丝绸服饰，头戴一种奇怪的毡帽。这种毡帽额头处是白色丝绒制成的头骨状的标志，后面是一根同样颜色的类似法国头饰的尾带，在额头正上方是一个约 30 厘米高的铁制装饰板，它笔直挺拔，在宝石的装饰下显得十分精美，装饰板后方有一大簇羽毛，随着士兵的步伐也骄傲地上下摆动。

在他们之后是 1000 名内仆①，他们穿戴整齐，全身金色，一半人手持钩铳，一半人则手握土式弓，带着箭筒，有序前进。

再后面是三名全副武装的军人，他们骑着配有土耳其式皮质马鞍的马，戴着头盔，手上的长矛向前伸出，矛尖处挂着一条染成血色的马尾，这就是他们的纹章，代表着土耳其人一往无前的气势。

紧随其后的又是七名内仆，他们身骑灰马，穿着银色服饰，银色的马鞍上镶满了珍贵的宝石、翡翠、钻石和红宝石，华丽至极。

在他们之后的是另外六名内仆，他们穿着金色的衣服，手里拿着弓，腰间系着土耳其式弯刃大刀。

紧随其后的就是苏丹本人了。他骑着白马、气宇轩昂、神

---

① 英文原文是 "pages of honour"，应该就是通过前述 "奴官制" 征募到宫廷学校的奴隶，在土耳其语中他们被称为 "iç oğlanı"。

态庄严、姿态优雅，两侧各有一位着金色服饰的内仆。他本人穿着缀有宝石的金色长袍，头戴漂亮的白色缠头，这个白色缠头大约有 15 码长，是用丝绸和亚麻布织成的，类似某种平纹坯布，但是要更加华美精致，在他的王冠顶上有一个白色鸵鸟羽毛的小徽章。此外，他的马身上也有非常精美的装饰品，在各方面都与他自己的装饰相呼应。

他的身后跟着六位年轻貌美的姑娘，骑着白马，穿着缀有珍珠宝石的男子制式银色长袍，头上戴着金匠打造的头饰，耳朵上佩戴着血色的耳饰，手指甲也是同样的颜色，她们每个人的两侧都配有一个手持老式弓的宦官。

再后面是军队的总指挥——大帕夏。他身着一件深红色的长袍，长袍外又穿了一件很华丽的短袍，周围配有 50 名自己的禁卫军步兵，他们都穿着红色的丝绒服装，和苏丹的禁卫军装备相同。

他的后面跟着另外三位帕夏。他们周围跟着 3000 名奴隶步兵。

紧随其后的是一队英勇的骑兵，他们全副武装，共有 4000 人。

上述这支队伍中最显赫的 8.8 万人在阿勒颇城附近扎营，苏丹本人就住在城内一座高山上的城堡里，城堡的脚下有一条漂亮的河流，是著名的幼发拉底河的一条支流。

其余队伍则将越过亚美尼亚的山脉，历经四天的路程到达阿勒颇，他们将在那里等待苏丹及其军队的到来，共同进军波斯参加战斗。因此，苏丹的全部军队，包括翻山越岭的队伍以及陪同他一起来到阿勒颇的人，骑兵、步兵、骆驼和物资管理人员，共计 30 万人。

为上述军队运送军需品和食物的骆驼有 20 万头。

第四章
宫廷与政府

在君士坦丁堡陷落三周之后，"征服者"穆罕默德离开了这座新首都并前往他在埃迪尔内的新宫，他在那里待了几个月。一年后，他回到了君士坦丁堡，住进了位于城市正中心第三山丘上的一座宫殿里，这个地方后来成为奥斯曼帝国兵部所在地，现在则是伊斯坦布尔大学。在征服君士坦丁堡大约 12 年后，苏丹决定在一个更隐蔽的地方建造一座新宫殿，为不断壮大和多样化的皇室提供充足的空间。他选择了金角湾和马尔马拉海之间的海岬，一座拜占庭卫城的遗址所在地；从那时起，这里就一直被称作萨拉基里奥角（意思是皇宫角，土耳其语：*Sarayburnu*，英语：Seraglio Point）。

Saray 这个词来自波斯语，意思是官邸或宫殿。在奥斯曼语的用法中，它指的是整个皇宫、庭院和皇室的复杂结构。欧洲人把这 个词变形为 Seraglio 或者 Serail，用来指代皇宫中女性的住所，也就是后宫。但土耳其人的用法没有这些限制，他们用 *Saray* 这个词指代整座宫殿，而不仅仅是宫殿的一部分。

这座宫殿始建于 1465 年，在 1478 年完工。为了和山顶的"旧宫"区分开来，这座宫殿被称为"新宫"；然而，它更广为人知的名字是托普卡帕宫（意为炮门），这个名字来源于海角上一个古老而坚固的海门。一直到 19 世纪，托普卡帕宫都是奥斯曼帝国苏丹的寝宫，之后，他们搬离这里去到新的住所。于是，为了和苏丹的新宫殿相区别，托普卡帕宫或者说"新宫"又成了"旧宫"，这在某种程度上造成了一种混乱。一系列的大火，特别是 1574 年、1665 年和 1862 年的大火，摧毁了托普卡帕宫大部分的原始建筑，虽然一些新建筑取而代之，但是皇宫的基本布局和规划几乎没有改变。

　　奥斯曼帝国的宫殿从一开始就受到了欧洲人的关注，于是也就出现了众多准确度和真实性参差不齐的描述以满足人们的好奇心。这其中只有很少一部分是基于第一手的信息。在这类为数不多的基于一手资料的描述中，有一篇是多梅尼科·格罗索米塔诺（Domenico Gerosolomitano）写的，他是一名来自耶路撒冷的拉比，后来皈依了基督教，是穆拉德三世（Murad Ⅲ）的医生。虽然他的叙述至今尚未刊行，但很可能为 17 世纪欧洲作家的许多描述提供了参考。这些欧洲作家中年代最早、最出色的一位是 1606—1609 年威尼斯共和国驻伊斯坦布尔特使奥塔维亚诺·波恩（Ottaviano Bon）。他的作品《苏丹皇宫概述》（*Description of the Grand Signior's Serraglio*，以下简称《概述》）被同时代的罗伯特·威瑟斯（Robert Withers）——他曾在伊斯坦布尔的英国大使馆官邸待过一段时间——编译成了英文版。《概述》首先描述了皇宫的外围：

67

　　皇宫是苏丹和所有皇室成员的居所，它……被一座非常高大坚固的外墙所包围。据计算，这座外墙大约有三意里①长，上面建有许多瞭望塔。皇宫有许多门……但主门（确实是一道非常雄伟的门）是朝向城市的，这道门供大家出入，其他门则保持关闭，只有苏丹或其他一些主要官员才能下令打开……

上述的主门和其他宫门由守卫日夜轮流把守，他们由一名守卫长负责管理。在门外十到十二步的地方有一间由木板搭建、配有轮子的小房子，每个晚上都有一队禁卫军在那里站岗，一旦有突发情况出现，他们都会及时向宫里通报。

皇宫里有许多富丽堂皇的巨大房间，不同的房间适于不同的季节使用……

在上述房间中，有一个大厅，苏丹会在这里接见来访大使、与帕夏们在议事日议政，即将到宫外履职的人也会到这里向苏丹请示，完成任务后回到伊斯坦布尔的人会到这里向苏丹述职……

这里有两座大的建筑，一座是国库（Hazine）②，另一座是苏丹的更衣室。两座建筑精美异常同时又安全坚固，建筑的墙体很厚，窗户是坚固的铁皮，它们各有一道常年关着的铁门，其中金库的门是用加盖了君主玺印的封条封着的。

在宫殿的第一个入口处，有一道非常庄严而华丽的门，门廊处有大约 50 名卫兵，他们总是手持如长矛、弓、剑之类的武器；穿过这道门之后（帕夏等一些高级官员可以骑马通过这

---

① 1 意里约为 1.852 千米，实际上托普卡帕宫的宫墙大约有 5 千米长。——译者注
② 在奥斯曼帝国有两个主要的国库。一个是"帝国国库"（Hazine-i Hümayun），即"外库"；另一个是"皇室国库"（Hazine-i Hassa），即"内库"。——译者注

道门）会进入一个长、宽大约为四分之一意里的庭院。在院子的左手边，靠近大门的地方有一个可以在下雨天为人和马遮风挡雨的地方；右手边是专门为皇宫里的人服务的医院……医院由一位宦官负责看管，他手下有许多人负责照顾病人……

穿过这个庭院后是第二道门（帕夏需要在这里下马），这道门比前一道门稍微小一些，但是更加美丽夺目。这道门之后又是一个庄严的门廊，同样有守卫把守。通过门廊后会进入一个院子，这个院子比前面的小，但更加迷人，这里有精致的喷泉、柏树掩映的小路、翠绿的草坪、在里面生活嬉戏的羚羊……在这个院子里，每个人（除苏丹外）都必须步行：在大门的两侧各有一条开放式的长廊，长廊上立有非常华丽的柱子，在一些重要的场合，例如当大使来访时，士官、禁卫军和西帕希骑兵会穿戴整齐，排成一排，在此守候，亲吻苏丹的手。

庭院的右侧有九间厨房，每间厨房都有储藏室以及一些服务人员……

左侧是皇家马厩，里面有大约 30 匹或 35 匹健硕的马供苏丹和阿迦①们练习或比赛使用……

在马厩附近有一些建筑，供御前会议的官员使用，在庭院剩下三分之一的位置是为御前会议厅（Divan），国库与它相邻，御前会议结束后，大维齐尔会用封条将国库门封起来。在御前会议厅的左手边是通向后宫的大门，这道门由一群黑人宦

---

① aghaes，意为主人、兄长、首领，是奥斯曼人对文武长官的敬称。——译者注

官负责看守。

　　穿过第二个庭院后会看到第三道门，也叫国王门（Kings Gate）。这道门通向苏丹及其侍从的寓所，没有苏丹的许可任何人都不能入内（通常只有身居高位的人能够被允许进入）。但是御厨、医生、御膳侍者和裁缝可以在司阍（Kapi Aga）的允许下进出。司阍是皇宫的首席内侍，他们主要负责守卫帝王门；他们的居所就在附近，他们可以做到寸步不离，他们身边总是围着一群白人宦官。因此，关于这道门背后发生的故事，很多都是道听途说，因为人们不太可能进入其中看到正在发生的事情，即使是看到了也只能是在君主不在的时候……

　　穿过第三道门（那里也有一个非常漂亮的门廊），映入眼帘的就是前面提到的苏丹与公众会面的房间……

　　这个房间便是公共议事厅（Public Divan），是稍晚时期建造的。房间呈正方形，墙与墙之间有八到九步的距离。房间后面有一个服务人员的屋子，进入议事厅后的右手边有一个用木栅栏隔开的区域，离它稍远的地方还有许多其他屋子，用于处理各种事务。这个议事厅被称为公共议事厅，是因为任何人（不论是外国人还是本地人）都可以自由地、不受歧视地进入这里，寻求正义、争取拨款、要求撤销指控、结束争端。

　　根据波恩的描述，通往宫殿内部的三道大门分别是：帝王门（Imperial Gate）、中门（Middle Gate）和幸福门（Gate of Felicity）。第一道门和第三道门之间的区域被称为"比伦"（Birun），即外朝，主要分布着皇室的外朝服务机构。这些机构分为六大类。

从受教育程度和社会地位来看，第一类属于乌莱玛阶层，他们是宗教界的专业人士。这些人包括：苏丹的老师，他是一位德高望重的宗教官员；宫廷布道师；首席占卜师；医学教育也是乌莱玛阶层的特权，所以首席医师（chief physician）、首席外科医师（chief surgeon）和首席眼科医师（chief oculist）也是乌莱玛阶层的成员。首席医师的级别比另外两位要高，他主管着一个御医团队，其中包括一些犹太医生和穆斯林乌莱玛。

第二类是四位特别专员（emin），他们每个人都有自己的部下，负责皇室的一个部门。城市专员（shehr-emini）负责都城内皇家建筑物的建造、维护和修缮；同时，他作为宫廷内侍，负责宫廷仆人的开支和工资以及他们的衣食和其他消费需求。他的部下包括首席建筑师、水务主管、仓库主管以及参与设备和维修各方面工作的其他人员。

另一位是铸币专员（darphane emini），由于其职能的特殊性，他既为百姓服务又为皇室服务。17世纪，铸币厂迁到皇宫内一座靠近帝王门的建筑中。另外两位专员分别负责御膳房事务以及皇家马厩的饲料供应。

外朝最大的也是最重要的官员群体是御马官（英语：the agas of the imperial stirrup，土耳其语：agayani rikâb-i hümayun；字面意思为皇家马镫上的军官）。自塞尔柱时代以来，马镫一直是土耳其人君主权的象征；之所以称这些人为御马官，一方面是因为他们对皇室的依附，一方面也是因为他们中的一些人在苏丹骑马时有为苏丹握住马镫和缰绳的特权。他们的人数和地位在不同的时期不尽相同；和专员们一样，他们当中一些人的职责远远超出了服务皇室的范畴。"征服者"穆罕默德的律法（*Kannunname*）中列出了御马官的组成成员，他们包括禁卫军军官、宫廷骑兵部队中六个骑兵团的军官、执剑军官和铠甲军官。其他与宫廷事务直接相关的御马官还包括：掌旗官（*mir-i alem*）、守卫长（*kapiji*）以及副守卫长、马厩官（*mir-ahor*）、军士长（*chaush-bashi*）、试菜长（*chashnigir-bashi*）和首席驯鹰官（*chakirji-bashi*）。

另外两个不属于御马官的军团，分别是精兵团（*müteferrikas*）和戟兵团（*baltajis*）。前者是精英卫队，人员从高官子弟中招募，然后加入苏丹的私人护卫队。他们装备精良，每个人都有自己的奴隶随从，经常被派去执行重要任务。戟兵（字面意思是斧头兵）最初是指军队的先锋队，在征服君士坦丁堡之后，他们成为宫廷卫兵，部分驻扎在旧宫，部分驻扎在新宫，其中，托普卡帕宫的戟兵组成了一个特权军团。他们的主要职责是保卫后宫，防止后宫的女眷被窥视。这些卫兵戴着特制的帽子，帽子两边垂下长长的布条，看起来就像妇女耳边垂下的发绺一样。因此，他们也被称为"垂发戟兵"。直到 18 世纪，他们一直都听命于白人宦官总管。

其余的外朝人员由各种规模较小的专业团体和工匠组成。专业团体里面包括弓箭手、仪仗队和随从、信使和信差、乐师和旗手；工匠包括厨师和面包师、裁缝和鞋匠、洗衣工和清洁工，以及大量宫廷所需的其他艺术家和专业人员。

第一庭院位于帝王门和中门之间，里面有各式各样的建筑，包括警卫室和宿舍、仓库和库房，还有后来的铸币厂。第一庭院对公众开放，里面通常挤满了人。第二庭院位于中门和幸福门之间，只对宫里的人开放。这是一个长 150 码、宽 120 码的长方形庭院，在一些仪式中这里也被用作阅兵场。这里最重要的建筑是国库和御前会议厅，御前会议在这里举行，苏丹也会在这里接待外国大使。

这些外交活动的仪式经常是被描述的对象，第二任英国驻伊斯坦布尔大使爱德华·巴顿（Edward Barton）所受到的接待便是其中一例：

大使身穿银色套装，披着金色罩袍，身边跟着七位身穿昂贵缎纹服装的绅士，以及另外 40 名手下……他们一同在大使官邸登船：两名帕夏和四五十名士兵正等待着陪同大使前往宫殿，他们为大使和他的随从带来了非常漂亮的马匹，土耳其马夫也已经准备好在他们下马后接管马群。这支队伍十分壮观，走在最前面的是奥斯曼士兵，随后是两两并行的随从，最后是大使本人。大使带着他的士兵、翻译以及每次出行都会带上的四名禁卫军来到离水边约一英里的宫殿。他们首先穿过一道巨大的门进入一个大庭院（很像白厅门前的院子），随后在那里下马。之后他们进入另一个庄严的庭院……为了接待大使，所有的庭院都布置得非常隆重。在右手边，一个拱顶长廊沿着庭院延伸，与伦敦皇家交易所（Royal Exchange）很像。长廊从头到尾都排列着卫兵，他们头戴镀金的金属圆形头饰，长长的羽毛像刷子一样在头顶直立着。左手边则排列着守卫和军士。所有这些服务人员大约有 2000 人（据猜测），他们大多穿着金色、银色、猩红色的丝绒和绸缎的衣服，一同向从他们中间走过的大使领首致意。大使也时而向左时而向右，用同样的方式回应他们。一些士兵将大使带领到御前会议厅……御前会议厅位于庭院的左侧。大使同他的随行人员来到御前会议厅，维齐尔正在此等候……维齐尔盛情接待了他；在收到女王陛下的信件后，他询问了女王的健康状况、英国的情况以及其他与区域和平相关的问题。服务人员将已经准备好的饭菜端到另一个相邻的内室，这些菜品大约一百道，其中大部分是煮的和烤的。大使在维齐尔们的陪同下一起用餐，大使的随从们也同他们一起在同一侧用餐。用餐期间，四五十名士兵在一旁确保用餐秩序。他们喝的是掺有玫瑰水和糖的饮料，盛在用山羊皮做成的水囊中。一个专门负责倒水的人背着水囊，如果有人想要喝水，他便会从胳膊下拿出水囊为宾客斟水。饭菜就这样有条不紊地被送来。在半个小时左右的用餐过程中，大家都安静、体面地吃着饭。但是，在餐后收拾的时候却没有那么有序，一些在厨房工作的新帮工（类似于女王陛下的穿黑衣的帮厨）乱哄哄地跑来把盘子端走了，一些饿了的人直接把两三个盘子的食物放在一起拿走，餐桌上的东西瞬间一扫而空。

除了苏丹接待的大使外，外国访客被允许进入的最深入的地方是御前会议室。在幸福门的另一边是内廷，后宫就是其中一部分。英国风琴家托马斯·达勒姆（Thomas Dallam）是少数几个声称自己进入过内廷的外国人之一。1599 年，他制作的风琴被伊丽莎白女王作为礼物送给了苏丹，并由其本人带到了伊斯坦布尔。

10月12日周五，以及之后两天，我被传唤到皇宫参观苏丹的私人居室、金银财宝以及他的宝座；带我看这些东西的人让我坐在其中一个宝座上，之后他向我展示了苏丹加冕时使用的一柄剑。

他还向我展示了其他许多新奇的东西，之后带我穿过一个用大理石铺成的院子，并示意我走到墙边一个栏杆那里去，但他自己不能过去。我走到栏杆前，发现墙很厚，铁制栏杆也很结实；我透过栏杆看过去，发现苏丹的30个妾室在另一个院子里嬉戏。起初我以为她们就只是小伙子而已，后来看到她们垂在背后的头发，发梢还有一串串珍珠装饰，有的还用发卡扎起来，这时我才意识到她们是女人，而且都是很漂亮的女人。

她们的头上只戴着一顶可以盖住头顶的金色小帽；脖子上戴着一串珍珠项链；有些人胸前戴着宝石，耳朵上戴着珠宝；她们的衣服类似于士兵的紧身马褂，有的是红缎子，有的是蓝缎子，还有一些其他颜色，上面装饰着撞色的花边；她们穿着棉质的短裤，洁白如雪、质地细腻，我甚至可以透过布料看到她们的腿部肌肤。她们的短裤一直到小腿；有些人穿着薄袜子，有些人则光着腿，脚腕上都戴着一个小金镯子；脚上穿着高四五英寸的丝绒鞋。我站在那里看了很久，以至于带我参观的人都开始生气了。他撇着嘴、跺着脚示意我回去；然而我不想离开那里，因为这场景实在令人赏心悦目。

幸福门外是第三、第四庭院以及许多侧院和建筑群。直到16世纪末，内廷事务一直由宦官掌控，宦官有黑人和白人之分，他们各有自己的等级制度和晋升路径。黑人宦官的首领是女眷统领，白人宦官的首领则是司阍统领，也就是幸福门的统领。虽然白人宦官在开始时比较有影响力，但从 16 世纪末开始，他们的影响力逐渐降低，在人数和等级地位上都有所下降。后宫的控制权交给了黑人宦官，内廷其他部门的控制权则是交给了内廷的主体人员——童仆。

这些通过"奴官制"被征召为奥斯曼帝国服务的基督徒男孩被称作"阿杰米欧古兰"（*ajemi-oglan*），即外国男孩，可能也带有新手和菜鸟的意思。那些从中被选出专门为皇室服务的则被称为"伊齐欧古兰"（*ich-oghlan*），即内侍童仆，假以时日，他们会成为像内廷长官那样的正式人员。在宫廷学校接受一段时间的训练与培训之后，他们会被指派到内廷服务。

他们主要在六个部门服务。级别从低到高分别是：小厅和大厅，这里是新仆接受更高级别教育的场所；鹰监厅；征战厅（17 世纪建成）；贮藏厅；金库，与国库不同，这里专门处理私人财物问题；御用厅。

御用厅是其中等级最高的也是与苏丹最近的厅室。御用厅共有三四十名服务人员，其中包括几位高官，如执剑官、御马官，以及一些负责管理缠头、钥匙、餐巾和水罐的人员。等级最高的四位又被称为觐见长官。

御用厅的童仆都是经过严格筛选的精英，他们处于这个具有复杂培训和晋升系统的庞大组织的顶端。苏丹会从他们当中挑选出一些人担任中央和省级政府的最高职位。

波恩的描述可以让我们对童仆的教育和职业有一些了解：

现在，我要说一下那些在宫廷中占据最好位置的年轻人，他们为苏丹和宫廷服务，受过良好的教育，学习过法律知识，接受过军事训练，获得了管理整个帝国所必需的才能。因此，如果有必要，他们可以应用这些才能。尽管这些人大部分是基督教俘虏和叛兵，但他们中也有一些土生土长的土耳其人……

他们在不同的"房间"，土耳其人称之为"奥达"（oda），但更准确地来讲（从功能来看），它们更像是学堂；学堂共有四个，从其中一个毕业后就会进入级别更高的学堂。他们在很小的时候来到第一个学堂，在那里，他们学习的第一条规则是沉默，然后学习如何站立以表示对君主的尊重：他们要低头看向地面，双手合拢放在身前……

在学习完这些基本礼仪之后，一名白人宦官（他是所有其他教师和助教的长官）会教他们读写、土耳其语和阿拉伯语的祈祷……大多数情况下，他们会在第一学堂待五六年，对于那些学习有困难的人，时间甚至更长。

从第一学堂毕业之后，他们会进入第二学堂学习，在那里，他们开始学习波斯语、阿拉伯语以及鞑靼语，此外还要不停地阅读各种作家的作品，以便精进土耳其语水平……实际上，普通人的语言水平和他们有很大的差距。

同时，他们还开始学习摔跤、射箭、掷钉头槌、抛长枪、使用武器等一系列技能。

在第二学堂学习五六年之后（此时他们已经变得强壮有力，能力得到提升），他们会进入第三学堂（在原来的基础上继续提升自己），学习骑马以及如何在战争中保持机敏。此外，

79

80 　他们每个人都要（根据自身的条件和能力）学习一个专业技能，以便为苏丹本人服务。

　　在第三学堂，他们的老师——宦官们会严格监督他们的信仰，（尽可能）探索他们的内心，试图了解他们和土耳其身份之间的结合程度。因为离他们进入第四学堂的日子越来越近了，第四学堂是最后一个也是最重要的学堂，他们将被安排负责非常重要的事务，所以老师们不希望他们记得自己曾经是基督徒，也不希望他们有任何恢复之前信仰的想法，否则他们有可能通过一些阴谋和手段来损害土耳其帝国。因此，在对他们进行了各种可能的测试，并确保伊斯兰教已经牢牢扎根于他们心中之后，他们才会被转移到第四学堂继续接受培训。并不是所有结束第三学堂培训的人都会同时进入第四学堂学习，只有那些完成了前三个学堂所有培训并适合服务帝国的人，才能进入第四学堂。进入第四学堂的人要单独进行管理，因为他们会立即开始服务苏丹，他们的工资或多或少都会增加，可能会达到每天八个阿斯皮尔①，他们的衣服也会从棉布换成丝绸，上面还绣有金线，这些都是极为珍贵的。

　　在完成了一定年限并全部学习了上述所有内容之后，苏丹会从这些进入第四学堂的年轻人里面选出一些专门为自己服务，成为他的仆从。

　　当苏丹授予他们职位时，他们就会带着自己所有的钱财与81　物品，离开皇宫就职。有时，他们还会带一些前三级学堂中失

---

① 一种银币，是奥斯曼帝国的主要货币单位，土耳其人称之为 Akçe。——译者注

宠的年轻人一同离开，这些人出于个人原因无法继续学习，比如过于急躁，不愿再花费更多的时间在学堂，因此即使是工资和地位都比较低，他们也更愿意与上述苏丹的官员一同离开。

那些成功晋升之后离开皇宫的人，（按照惯例来讲）都是年龄最长的，除非由于某些事故或失误的影响，否则这个过程不会轻易改变。因此，对于谁能够得到晋升大家都心知肚明；整个流程是十分程式化的，因此，第三学堂的学生也能对自己的未来略知一二。当然，他们的内心还是充满希望，也就是如果苏丹能够将他们送出国，他们就可以摆脱皇宫中繁杂的工作，最后进入政府工作……因此，土耳其官员经常更换也就不足为奇了，因为每个苏丹都有众多的仆从，他们都在寻求晋升……

这些人都争着和司阍长官搞好关系，因为司阍可以成为他们的守护者和靠山。如果他们能够在苏丹面前为自己美言几句，对于自己的晋升是很有分量的。毕竟司阍是皇宫中最有权势也是离苏丹最近的人。

御前会议厅位于中门和幸福门之间，御前会议就在著名的穹顶会议室中进行。波恩是这样描述御前会议的：

每周有四天是御前会议日，分别是周六、周日、周一和周二。在这几天，大维齐尔与其他维齐尔以及众多官员一同出席会议。官员包括来自鲁米利亚和安纳托利亚的两位最高法官（上述两省所有卡迪的长官）、三位财政大臣（defterdar，负责管理苏丹的收入，支付所有士兵以及其他人的俸禄）、首席书记官（reiskitawb）、掌玺大臣（nishawngee，负责用苏丹的玺印签署诚命和书信）、帕夏秘书及其他高级官员，还有一大批文员随时在议会的门前等候；卫队长手持银杖，其他的卫兵也在旁边侍候，听从维齐尔的指令，随时准备被派遣到任何地方或任何人那里。他们会被派去执行去大使馆传递信息、传唤人员出庭以及看守犯人等类似任务。上述所有官员，不论职位高低，都需要在黎明前到达御前会议厅。

维齐尔们进入御前会议厅，面朝大门坐在最里面的长凳上，他们按照各自的职位依次坐在大维齐尔的右边（世俗人员以左为尊，神职人员以右为尊）；大维齐尔的左手边是两位最高法官，一位来自更为尊贵的鲁米利亚，一位来自安纳托利亚。进门右手边坐着三位财政大臣，大臣身后是一间用木栏杆隔开的房间，书记员手拿纸笔坐在地上，随时准备记录。与财政大臣相对的另一边坐着掌玺大臣，他拿着笔，周围是他的工作人员。最重要的首席书记官站在维齐尔身旁，因为他需要随时征求维齐尔的意见。在大厅的中间则是前来请愿的人。

大家聚在一起，做好准备，请愿者们逐个开始申诉（他们不需要律师，尽管他们也会寻求官吏的帮助，但每个人都有说话的权利），将自己的诉求提交给大维齐尔进行审判和裁决。大维齐尔有权直接进行裁决，因为其他的帕夏都听而不言，只有把案件交给他们仲裁时他们才会干预。大维齐尔常常会在了解案件的原委后，将案件交给其他人裁决（为避免过度劳神）。如果案件涉及民法，他便会将其转交给首席法官裁决；如果是关于财务的，就交给财政大臣；如果涉及造假行为（如伪造商标等），则会交给掌玺大臣；如果是关于商人或商品（案件可能很复杂），则交给他旁边的其他帕夏处理。通过这种方式，大维齐尔大大减轻了自己的负担，仅处理自己认为重要的事情；当他不在场时，临时长官也采取类似的方式处理。审理会一直持续到中午，此时（一名侍者准备就绪），大维齐尔命令准备进午膳，所有的百姓便会立即离开。

午膳结束后，大维齐尔会花一些时间处理日常事务，并与其他帕夏一起商议（如有必要）。最后，他会做出最终决议并准备觐见苏丹。一般情况下，他会在四个会议日中的两天（也就是周日和周二）向皇帝汇报已处理的事务。为此，苏丹（用膳后）会前往会议厅，坐在沙发上，让守卫首先传召首席法官觐见。首席法官起身向大维齐尔鞠躬致意并在司阍和军士长的陪同下跟随传唤官前往会议厅，两位官员手持银杖开路，带领法官来到苏丹面前汇报。在获得苏丹批准后，法官可以直接离开返回住所。

随后是财政大臣，官员也以同样的方式将其带到苏丹面前汇报，但只有首席财政大臣允许发言。财政大臣离开后，维齐尔最后觐见，他们以大维齐尔为首排成一列，由上述两位手持银杖的官员引导着来到苏丹面前。他们站在房间的一侧，双手放在身前，领首以示谦卑。在整个过程中，只有大维齐尔发言，他会向苏丹汇报他认为重要的事情，并逐一呈递他们的请愿书。苏丹阅读后，大维齐尔将它们放进一个深红色绸缎小袋中，然后再次非常恭敬地呈送至苏丹面前。之后，苏丹颁布御诏，下令执行请愿书中所提的请求。如果苏丹没有追问（其他

84

85

帕夏也没有补充），他们就会离开并前往第二道门取马，在众多贵族的簇拥（为了讨好而等待他们）以及众多随从的陪侍下返回各自的住所。由于大维齐尔地位更加高贵，为了显示他的尊贵和荣耀，通常有约百名骑马的官吏陪同他返回府邸。会议通常在下午三点左右正式结束，在不需要觐见苏丹的时候，会议则提前结束。在大维齐尔缺席的情况下，会有临时长官暂时接替他的工作，因此上述关于大维齐尔的叙述同样也适用于临时长官。

值得注意的是，禁卫军首领和海军司令在伊斯坦布尔有公务时也会参加会议，但是只有海军司令能够觐见苏丹（需要和其他帕夏一起觐见），他会向苏丹汇报兵工厂和海军的事务；他在会议中同样坐在长凳上，只不过位于帕夏之后，除非他本人是维齐尔（这是常有的事），如果是维齐尔的话，则要根据资历在第二、第三、第四位上落座。禁卫军首领不能进入会议厅，而是坐在第二道门内右侧的开放式长廊；如果有特殊事务需要觐见，他会先于其他人进入，事毕后再回到原来的位置，直到会议结束。会议结束后，禁卫军首领最后离开，并在众多禁卫军军官和士兵的陪同下返回住所，其中一部分禁卫军就住在首领的府邸。

苏莱曼大帝之前的苏丹们经常来御前会议，他们有时会透过大维齐尔正上方的小窗户观察会议厅里的情况，以免被别人看到。特别是其他国家的使臣觐见时，苏丹会透过窗户观察大使如何吃饭，如何与帕夏们交谈。当苏丹来到这扇窗户时，大维齐尔需要非常谨慎、公正地处理事务（如果苏丹有任何不悦，大维齐尔随时有掉脑袋的危险）；其他时候，他们则很容易被收买，并按照自己的意愿处理事务。

　　起初，苏丹常常亲自主持御前会议，但是当他们开始采用传统伊斯兰的朝廷模式时，苏丹就不用亲自主持了。第一个放弃主持会议的苏丹是穆罕默德二世，他把这项任务交给了大维齐尔。根据后来奥斯曼帝国历史学家讲述的一则轶事，苏丹这么做的原因是因为有一天一个满腹牢骚的农民走进了御前会议室，并说道："你们中哪一个是苏丹？我要申诉。"苏丹感到被冒犯了，大维齐尔盖迪克·艾哈迈德帕夏（Gedik Ahmed Pasha）抓住这个机会建议苏丹不要再亲自主持会议，以避免这样的尴尬。苏丹可以从格栅或屏风后面观察会议进程。自那之后，这种做法就一直沿用下来，直到苏莱曼一世，他完全不参加会议。此后，苏丹将会议交给大维齐尔，大维齐尔也因此成为奥斯曼帝国政府的主要人物，统领整个行政系统中宗教部门之外的文官武将。

　　维齐尔（阿拉伯语：*wazir*）这个头衔和职能在伊斯兰世界中有着悠久的历史，可以追溯到巴格达哈里发的古典时代。在奥斯曼帝国中，维齐尔最初是一个军事头衔，授予军队指挥官和苏丹手下的高级官员。维齐尔不止一个，其中最重要的是大维齐尔，他实际上是政府的一把手。在"征服者"穆罕默德的律法中，大维齐尔已经被称为苏丹的"绝对代表"。级别稍低的维齐尔被称为"圆顶维齐尔"，因为他们享有参加御前会议的特权，而御前会议正是在圆顶会议厅举行。

　　在征服君士坦丁堡之前，维齐尔通常出身于自由穆斯林贵族。

87

第一个从奴隶群体中崭露头角的是曾为巴尔干基督徒的马哈茂德帕夏（Mahmud Pasha）①，他曾在 1453—1466 年担任大维齐尔；此后，几乎所有的大维齐尔都出身基督教家庭，这些人在青年时期通过"奴官制"进入帝国学校和宫廷接受教育与训练。

16 世纪担任维齐尔一职的人中最杰出的人物之一是政治家和历史学家卢特菲帕夏。他曾担任苏莱曼大帝的大维齐尔，除了担任帝国高级职务外，他还有一个更私密和危险的身份——苏丹的妹夫。卢特菲帕夏出身于名不见经传的阿尔巴尼亚人家庭，他通过"奴官制"进入奥斯曼帝国政府，从宫廷学校毕业后留在宫廷服务。他先后担任过听差、精兵、试菜长、总司阍和掌旗官等职务。随后，他被任命为小亚细亚卡斯塔莫努的行省长官，并在地方行政服务中逐渐晋升为卡拉曼总督。他参加了塞利姆一世在东方和苏莱曼大帝在欧洲的几次重要战役。他于 1534 年成为一名"圆顶维齐尔"，并于 1539 年被任命为大维齐尔。1541 年，他因对妻子——苏丹的妹妹出言不逊而被迅速解职。他在退休之后获得了一笔养老金，搬到了靠近迪梅托卡的庄园，余生都致力于学术和历史研究。

卢特菲帕夏写了许多作品，包括一本关于奥斯曼帝国的历史著作，时段直至他所处的时代，还有一本名为《维齐尔之书》（Asafname）的小册子，介绍了大维齐尔的职责，这本册子的名字源自《圣经》人物亚萨（Asaph），据穆斯林传统，他是所罗门王的维齐尔，是智慧和忠诚的代表。卢特菲帕夏成为维齐尔时，他发

① 事实上，马哈茂德帕夏并不是"奴官制"系统中第一位基督徒出身的大维齐尔，他的前任扎加诺斯帕夏（Zaganos Pasha）同样是基督徒奴隶出身。——译者注

现御前会议的事务处于混乱和无序状态，他在七年的维齐尔生涯中尽力整顿局面。此后，他退隐于学术和沉思之中：

> 尘世转瞬即逝，死亡则常伴左右。最好不过于在角落里、在花园和草地的享受中找寻智慧。愿真主，我们依赖、信仰的真主，保护奥斯曼家族的法律和根基免受命运的摆布，免受敌人的邪恶之眼，阿门。

89

为了方便他的继任者，卢特菲帕夏认为他有责任根据自己的经验，在四个章节中提出一些建议和指导，帮助他们胜任此一人之下万人之上的职务。第一章也是最重要的一章论述了大维齐尔应具备的素质，以及他与苏丹和臣民打交道时应采取的适当行为方式。

> 首先也是最重要的一点，大维齐尔必须摒弃个人恩怨。他所做的一切都是为了真主，因为真主至高无上。他应该无惧告诉苏丹真相，不加隐瞒。大维齐尔与苏丹分享的秘密不仅要对外人保密，还要对其他维齐尔保密。
>
> 大维齐尔应该毫不犹豫地告诉君主，在宗教和国家事务中什么是必要事项，而不应该因为害怕被解职而避而不谈。与其提供虚伪服务，不如受到解雇但赢得尊重。

大维齐尔应该限制国家对臣民的要求，并使苏丹远离贪婪及其后果之影响。臣民的财产必须得到尊重，"因为将人民的财产强行并入君主的财产是国家衰落的标志"。大维齐尔本人必须虔诚、平

90

易近人、绝对诚实：

> 大维齐应该每天在自己家中进行五次祈祷。他本人应该广开言路、平易近人，在不失名誉的情况下尽量满足别人的需求。他应该注意不要被任何邪恶势力收买。对国家官员来说，腐败是一种无药可救的疾病。小心，小心腐败，真主啊，让我们远离它！

在这种突如其来的激愤表述之后，卢特菲帕夏更实际地认识到，大维齐尔的收入应该足以保护他免受这种诱惑：

> 大维齐尔拥有的封地能够获得 120 万阿斯皮尔的收入，通过良好的管理，他可以将收入提高到接近 200 万阿斯皮尔；加上来自库尔德人和其他有权势的埃米尔的价值 20 万—30 万阿斯皮尔的布料和马匹，他的年收入总计可以达到约 240 万阿斯皮尔。感谢万能的真主，在奥斯曼帝国，这是一笔不小的财富。我自己过去每年花 150 万阿斯皮尔在饮食和侍从上，50 万用于慈善事业，剩下的 40 万或 50 万存下来……贪婪是一种邪恶，它没有尽头；满足是一种财富，它不会消失。

大维齐尔将没有时间享乐或娱乐，必须全身心地为国家服务。

91　　　　在获得这个职位之后，他应该保持沉默和朴素。他应该尽可能地为拯救自己的灵魂和改善世界而奋斗。

卢特菲帕夏也对生活成本和牟取暴利感到忧虑：

> 控制物价是一项重要的公共责任，大维齐尔必须对此特别
> 关注。高级官员不能是米商或者药贩。定价应该符合穷人的
> 利益。

大维齐尔必须谨慎控制政府的任命和官员的晋升，这些应该完全基于功绩。他应该维持纪律并尊重级别和资历的顺序。他不应受到外部的影响，而是应遵循自己的判断，当然，最终的决定权属于苏丹，他必须时刻意识到这一点：

> 大维齐尔在向保护世界的苏丹进言时应该反复说："我的
> 陛下，我已经解开了我脖子上的枷锁。从现在开始，您将在末
> 日审判中为自己所做的一切负责。"

剩下的三章涉及军队、财政和农民。"苏丹统治基于财政。财政依靠良好的管理。暴政使国家垮台。"

大维齐尔领导着一个等级森严的文职官员团队，分为法律和财政两个主要部门。这些人大部分是自由穆斯林，通常是土耳其人，而且随着时间的推移，他们形成了一个准世袭的职业阶层，拥有自己的技能和神秘之处。他们大多出身官僚家庭，且似乎与负责他们教育的宗教阶层有着许多联系。他们在清真寺的学校接受初等教育，并在伊斯兰学校学习宗教直至 16 岁或 17 岁。之后，他们通常由亲戚安排在政府当学徒，在那里学习如何工作并进入晋升阶梯。

许多穆斯林出身的门奴后代，虽然自己不能在宫廷服务，但都在官僚机构中找到了工作。官僚机构中的高级职位经常由乌莱玛阶层的成员担任，有时高级官僚和宗教职务似乎是一种一体两面的关系。

在大维齐尔的总监督下，负责财政的官员是首席财政大臣，或者是掌管登记的人。在穆罕默德二世的律法中，这一职位仅次于大维齐尔，在地位上也与大维齐尔相当。他有权直接与苏丹接触，根据律法，苏丹需要站起来迎接他。首席财政大臣管理着一个由较低级别的财政官员构成的群体，建立了一个被认可的晋升渠道。从巴耶济德二世时期开始，首席财政大臣主要负责鲁米利亚，第二财政大臣负责安纳托利亚，16世纪又增加了一位财政大臣。这三个人都是御前会议的成员，通常来自乌莱玛阶层。

乌莱玛阶层的首领，也就是首都的首席穆夫提并不参加御前会议。然而，其他高级别的乌莱玛参加。等级上居于首席穆夫提之后的是鲁米利亚和安纳托利亚的首席卡迪，他们是帝国的最高司法官员，也是御前会议的正式成员。掌玺大臣也是御前会议正式成员，他的首要职责是在苏丹的签名文件上加盖玺印，实际上他也是拥有重要法律权力的大臣。在加盖玺印之前，掌玺大臣必须确认文件的合法性；他是帝国传统法典的权威人物，同时也负责起草新的法律。直到16世纪初，掌玺大臣一直由乌莱玛阶层垄断；此后，御前会议秘书处也有人担任掌玺大臣，他们的地位和权威于是遭到了削弱。

16世纪出现了一种新的官员，即首席书记官，他们通常被称为"雷斯·埃芬迪"（Reis Efendi）。首席书记官是首席国务秘书和秘书处总管，受大维齐尔的直接领导。因此，他的职责包括处理与外国的关系，通常会在首席通译官（*Terjüman-bashi*）的协助下完成。通译官或译员几乎都是基督徒，在早期通常是欧洲人，他们发挥着日益重要的作用。后来，这个职位被一群居住在伊斯坦布尔法纳尔（Phanar）区的希腊贵族垄断。

首席书记官和首席通译官并不是御前会议的正式成员，他们和其他同等级别的官员，如首席副官和侍从长一起等待并在需要时参与会议。

在御前会议中，军队有两名代表，即负责陆军的禁卫军首领和负责海军的海军司令。然而，二者只有在成为维齐尔之后才能成为御前会议正式成员。对各行省来说，鲁米利亚和安纳托利亚的两位总督（他们被称为众贝伊之贝伊）在首都时便会参加御前会议。曾经担任过这两个职位的人，即最高级别的地方长官，也是御前会议的成员。

94

直到 17 世纪中期，御前会议一直是奥斯曼帝国政府的中心。代表文书、财政、法律、宗教和军队的成员定期会面，共商国是。为了使决议能够顺利执行，他们有一支由不同部门组成的庞大而组织良好的公务员队伍，每个部门都有自己的等级体系和晋升路径。军事、宗教和财务长官拥有自己的独立机构；其余人员组成御前会议秘书处，由大维齐尔负责管理，分为不同部门，处理中央和省级政府事务。

在奥斯曼帝国早期，大维齐尔通常没有正式的官邸，他们往往在宫殿附近租用一座宅院用于办公和接待事务。这座院子的接待区被称为"帕夏门"（*Pasha Kapisi*），与苏丹皇宫的"帝王门"相呼应。为了处理御前会议交办的事务，大维齐尔会在晡礼之后在自己

95 的府邸举行下午场会议，这在后来变得越来越普遍。这个会议也被称为"晡礼会议"，每周举行五次，后来逐渐接管了御前会议的大部分事务。

1654 年，奥斯曼帝国苏丹穆罕默德四世将一座建筑赠予大维齐尔，用作他的官邸和办公场所，政府中心从御前会议转移到大维齐尔府。从那时起，"帕夏门"这个词开始用来指称大维齐尔府。在中东地区，使用"门""门槛"等词来表示政府所在地的传统非常悠久，这一点在奥斯曼帝国早期得到了证实。17 世纪以前，"门"这个词及其同义词一直被用于苏丹的宫殿或御前会议。在此之后，"门"一词开始更频繁地用于大维齐尔府，如今国际上普遍认为这才是政府真正的所在地。18 世纪时，这里被称为"*Bab-i Ali*"，通常译为"高门"。

第五章
城　市

　　一位土耳其历史学家告诉我们，在 1659 年，当奥斯曼帝国驻德里莫卧儿宫廷的大使返回伊斯坦布尔时，苏丹问他，在他前往印度这块神话般的土地的旅途中，他所见过的最不寻常的事情是什么。大使回答说，他安全离开那里，回到"这个像天堂一样的地方"，是他所有经历中最美妙的。

　　我们知道，苏丹对这个回答非常满意，毫无疑问，这是一种宫廷式的恭维，但它确实反映了奥斯曼人对他们宏伟的首都真正的骄傲与热爱。17 世纪的诗人纳比（Nabi）在写给他儿子的良言汇编中，写下了一段对伊斯坦布尔的颂词，某种程度上表达了这种感觉：

　　　　没有任何一个地方，
　　　　能像伊斯坦布尔这样滋养知识与学问。

　　　　没有任何一座城市，
　　　　能像伊斯坦布尔这样饱经艺术的洗礼。

愿真主保佑伊斯坦布尔繁荣昌盛，
因为它是所有伟业的家园。

有识之士的故乡，
能工巧匠的摇篮，

优秀之人，
能在伊斯坦布尔声名鹊起。

在那里，一切美好都能找到它的度量。
在那里，所有才能都能发挥它的价值。

那里有光荣和荣誉的阶梯，
而不是虚度光阴的颓靡。

……

上天可以随心所欲地转动地球，
但他们找不到像伊斯坦布尔这样的城市。

绘画、书法、刺绣和装饰，
在这座城市大放异彩。

不论有多少种不同的艺术，
都能在伊斯坦布尔熠熠生辉。

因为它的美丽是如此罕见，
大海将它紧紧环抱。

所有的艺术和手艺，
都能在伊斯坦布尔找到荣耀与尊严。

在赞颂了伊斯坦布尔是一座机遇之城、艺术之城、知识之城
后，纳比接着谈到了这个海滨城市更简单的乐趣：

远离纷扰，
我的欢乐和喜悦漂浮在海面之上。

像苏莱曼一样登上王位，
统治着海洋和空气。

倚靠在垫子上，
望着银镜中的自己。

曼妙的乐声与愉悦的七弦琴，
完美地融合在一起。

98

　　轻松地漂浮着，被微风吹拂着，诗人眺望着城市绚丽的天际线：

　　　　圣索菲亚，岁月之奇迹，
　　　　它的穹顶是第八层天堂。

　　　　我们从未见过能与它媲美的地方，
　　　　如果有，那里大概就是天堂。

　　　　跨过奥斯曼苏丹国的门槛，
　　　　意味着进入帝国的乐土。

　　　　在这个充满生机的地方，
　　　　你的所愿，都能实现。

　　　　你的所想，
　　　　皆得最优之解。

　　　　贝伊、帕夏、埃芬迪、切莱比，
　　　　这里汇集了显贵中的显贵。

　　　　士兵、学者、骑士，
　　　　这里汇聚了精英中的精英。

黑海通道

博斯普鲁斯海峡

君士坦丁堡城市与港口

伊斯坦布尔（时称君士坦丁堡）的城市与港口图

转引自 G. J. Grelot's *Relation nouvelle d'un voyage de Constantinople* (Paris, 1680)。
Courtesy Dumbarton Oaks Research Library and Collection of Harvard University, Washington, D.C.

在这里，所有的疑问都得到解答，

所有的努力都得到回报。

然而，纳比以土耳其惯有的务实精神评论道：

如果不是各种疾病，

如果没有可恶的瘟疫，

谁会甘愿离开这天堂般的地方，

这座没有忧伤的城市？

如果它的气候更加温和，

谁会将目光看向其他地方？

但尽管如此，

没有一片土地或城市能够望其项背，

也没有一个栖息之所可以与之媲美。

当"征服者"穆罕默德进入君士坦丁堡时，这座城市近乎已是一片废墟，战争与占领加速了它的颓败和衰落。君士坦丁堡剩下的大约五万居民中，战争的幸存者成为胜利者的奴隶，被送往首都埃迪尔内的奴隶市场。君士坦丁堡变得空空荡荡、荒凉无人。

但是新的统治者并不满足于统治一个荒芜凄凉的城市。用编年史家阿谢克帕夏扎德的话来说：

> 苏丹穆罕默德汗加齐占领伊斯坦布尔后，他任命苏莱曼贝伊为城市指挥官，并向他的所有领地派遣仆人，宣布"任何人，只要愿意，都可以来伊斯坦布尔，拥有房屋、葡萄园和花园"。而他们也确实把这些土地分给了所有来到伊斯坦布尔的人。

> 然而，这些并不足以重振这座城市。因此，苏丹下令从各省派家庭前往伊斯坦布尔，不分贫富。苏丹的仆人奉命前往各省的卡迪和指挥官那里，按照命令征召并带回许多家庭。这些新来的人也得到了房子，这下，这座城市才开始重新有了生气。

> 他们开始建造清真寺。一些人建造了托钵僧修道院，一些人修建了私人住宅，城市又回到了原来的模样。

> 苏丹……建造了八所伊斯兰学院（medrese），并在它们中间建造了一座宏伟的大清真寺，在清真寺的对面建造了一家精致的招待所和一家医院，并在八所伊斯兰学院的一侧建造了八所更小的伊斯兰学院，以供学生居住。除此之外，他还在圣人艾布·恩萨里（Eyyub-i Ensari）的墓地建造了一座美丽的陵园，旁边建有一家招待所、一所伊斯兰学院和一座清真寺。

关于穆罕默德的重建政策，阿谢克帕夏扎德的说法在多种史料与记录中得到了佐证。这种政策不仅适用于土耳其人或穆斯林，希腊人和其他基督徒也被允许，在某些情况下甚至是被鼓励定居在城

101

市中，犹太人也被邀请或被命令从奥斯曼帝国其他地区或更远的地方迁移到伊斯坦布尔。一份 1478 年的文件列出了伊斯坦布尔和加拉塔的家庭数量，这为考察城市重建进度提供了一些参考。根据记录，在伊斯坦布尔有 8951 个穆斯林家庭、3151 个希腊家庭、1647 个犹太家庭、267 个克里米亚家庭、372 个亚美尼亚家庭、384 个卡拉曼家庭和 31 个吉卜赛家庭，在加拉塔有 535 个穆斯林家庭、592 个希腊家庭、332 个法兰克家庭和 62 个亚美尼亚家庭，总人口估计在 7 万至 8 万之间，其中大约十分之一的人生活在基督徒定居点加拉塔，其余人口则居住在伊斯坦布尔旧城区。到了苏莱曼大帝时代，这里的人口已经增长到至少 50 万。1593 年，一位英国旅行家约翰·桑德森（John Sanderson）引用了当地一位知情人的话，将人口数据精确到了 1231207，具体如下表：

君士坦丁堡的居民

类别	人数
维齐尔 维齐尔日薪 1000 阿斯皮尔，苏丹日薪 1001 阿斯皮尔	6
卡迪：法官，伊斯兰教的饱学之士 卡迪和维齐尔十人在御前会议裁决所有事务	4
穆夫提：最高教法解释官，最高神职人员	1
财政官，御马官，禁卫军长官，军士长，司阍，西帕希骑兵长官，通信官	300
苏丹随从	300
猎鹰官，侏儒，哑巴	300
妓女	1000（至少）

续表

类别	人数
苏丹卫队	1600
宫廷守卫（每天有 70 人把守）	700
西帕希骑兵	30000
禁卫军	24000
炮兵	3000
新人童仆	20000
其他土耳其人（妇女儿童除外）	200000
各类基督徒	200000（至少）
犹太教徒	150000（至少）
各类妇女儿童	600000
总人口	1231207①

103

奥斯曼的伊斯坦布尔是一座伟大而繁荣的城市，人口多样而活跃。在征服之后，几乎没有希腊人留下来，但许多人后来回来了，其他人也从帝国的各个地方来到这里加入他们，在他们自己牧首的领导下建立了一个繁荣的社区。同样地，犹太人在拜占庭时期就已经扎根于这座城市，15 世纪末，来自西班牙、葡萄牙和其他欧洲国家的犹太人大量涌入，犹太人数量也大大增加。这些犹太人因受到了基督教统治的压迫而来到伊斯坦布尔，在奥斯曼帝国宽容的统治下寻求庇护。按照伊斯兰教和奥斯曼的惯例，基督徒和犹太人都

---

① 经计算，表格中数据总和是 1231211，原文是 1231207，"该数据可能忽略了 4 名卡迪"（引自约翰·桑德森原文脚注）。——译者注

享有信仰自由，并享有很大程度的自治权。在金角湾东岸的欧洲区，意大利的和后来的其他西方商人建立了他们的仓库、办公室和家园。最重要的是，讲土耳其语的穆斯林主体人口通过皈依、同化，尤其是定居等途径而稳步增长。

进入君士坦丁堡的土耳其人并不是一些西方作家所描绘的野蛮人，而是古典伊斯兰教古老、高雅文明的继承者和承载者，他们自己也为这个文明做出了不可忽视的贡献。塞尔柱和奥斯曼的建筑已经有了古老而卓越的传统，而圣索菲亚大教堂的新主人们很幸运地具备保存和美化它的技能与资源，这对后人来说非常有价值。伊斯兰教不赞成以物配主，所以土耳其人把著名的马赛克画封藏在了灰色的石灰漆下，而这也是在征服了几个世纪后才发生的事情。然而，整座建筑的结构得到了维护和加固。"征服者"穆罕默德增加了一座宣礼塔，并用一个巨大的扶壁支撑南墙；塞利姆二世增加了两座宣礼塔，并在北墙增加了两个扶壁，他的儿子穆拉德三世在大教堂四个角落建造了现在人们所看到的四座尖塔，并对整个建筑进行了大范围的修缮和翻新。

除了宫殿，征服者们在这座城市里兴建的最重要的建筑物就是1462—1470年间在第四山丘上建造的苏丹穆罕默德清真寺，这座清真寺也包括了附属的学校和其他建筑物。但是在1766年的地震中，这座建筑被摧毁了。新的皇帝自然要为自己的信仰竖立一座新的丰碑与圣索菲亚大教堂一争高下。但是，"征服者"的清真寺不仅仅是一个宗教场所，同时还是一个高等教育中心。八所伊斯兰学院及其附属的八幢独立住宿楼像是形成了一座大学城，在其中教授神学、律法、医学以及其他传统伊斯兰科学。由于它的结构，这个

地方又被称为 *Sahn-i Seman*，即"八庭"。即使在这之后又兴建了
许多其他的伊斯兰学院，但"八庭"依然是最重要的教育中心之
一。苏丹、大臣以及其他达官显贵竞相创建和捐赠清真寺以及伊斯
兰学院。　　　　　　　　　　　　　　　　　　　　　　　　　105

　　"征服者"在世时，他的几位维齐尔也在这座城市建立了清
真寺，其中一些清真寺，特别是大维齐尔马哈茂德帕夏（1464）
和另一位维齐尔穆拉德帕夏（1466）的清真寺屹立至今。伊斯坦
布尔首位苏丹的行为也被他的继任者所效仿。巴耶济德二世在集
市附近建造了一座大清真寺（1501—1506）。另一座清真寺建在第
五山丘上，位于希腊人聚居区法纳尔的上方，以塞利姆一世的名字
命名。

　　新都的前三任苏丹都为城市的复兴和发展做出了自己的贡献。
然而，这座城市达到它辉煌的顶峰是在苏莱曼一世的领导下。作为
一个庞大、富裕、不断扩张的帝国中心，伊斯坦布尔为艺术家、作
家、学者、军人、政治家、商人和企业家提供了资源与机会，这些
人从帝国遥远的省份，甚至更远的地方涌入这座新首都。

　　也许这座城市最好的奥斯曼纪念物就是位于山巅的苏莱曼尼耶
清真寺。这座清真寺建于1550—1556年，有附属的学院和基金会，
庭院里还有苏莱曼大帝的陵墓；它出自奥斯曼帝国最伟大的建筑师
之一锡南之手，被认为是他最伟大的作品之一。锡南出身于安纳托
利亚中部开塞利的基督教家庭，1512年通过"奴官制"被征召为
奥斯曼帝国服务。他在伊斯坦布尔的宫廷学校接受训练，毕业后加
入禁卫军团，并参加了与欧洲和波斯的战争。他很快就得到了晋
升，先是成为步兵，然后是工兵军官，在桥梁建造和其他军事工程　106

方面表现突出。在苏莱曼大帝和塞利姆二世的统治下，他从 1539 年开始专门从事苏丹和帝国高官委任的工作，并被授予首席建筑师（*mimar-bashi*）的头衔。锡南口述的自传片段列举了他建造的 312 座建筑，包括大大小小的清真寺、学校与学院、墓地与陵园、宫殿、医院、收容所和商队驿站、桥梁、弹药库和澡堂。

苏莱曼尼耶清真寺建于伊斯坦布尔被征服一个世纪后，它的结构和装饰既有土耳其早期的民族特色，又有自身宗教和审美的独特性，体现了土耳其伊斯兰教中传统性与独特性的完美融合。虽然清真寺也融合了波斯和拜占庭的元素，但其尖塔和穹顶的和谐相衬、穹顶本身的轻盈感，以及宽敞优雅的内部空间都体现出了别具一格的奥斯曼特色。

苏莱曼尼耶清真寺最引人注目的特点就是巨大的中央穹顶，这显然受到了圣索菲亚大教堂的影响，但奥斯曼建筑师也进行了几处重要的调整。在穆斯林的集体礼拜中，一排排信徒站在一起，面朝基卜拉（*Kibla*）①，向着麦加的方向祷告。信徒们在伊玛目的带领下进行祷告，站在前排的信徒会获得特殊的功德。因此，与教堂不同，清真寺通常更加宽阔，正厅与基卜拉墙平行。在早期的阿拉伯清真寺中，通常有一个宽敞的大厅通向开放的中庭。但土耳其气候寒冷，因此需要一个封闭的、有屋顶的场所，使信徒免受风雨之苦，同时仍然满足穆斯林礼拜横向延伸的需要。

在苏莱曼尼耶清真寺中，中央穹顶仍然由两个半圆顶支撑，但它们不像圣索菲亚大教堂那样由大半圆形壁龛支撑。通过这种方

① 穆斯林在礼拜期间进行祷告时所需要朝向的方向。——译者注

法，锡南在不使用支撑柱和其他障碍物的情况下解决了支撑与平衡中央穹顶的问题，为大厅留出了广阔的空间。清真寺宽向的设计以及宽阔的中央空间为信徒提供了宽敞的礼拜空间，让他们可以清晰、持续地看到伊玛目和基卜拉。

17 世纪的奥斯曼作家埃弗里亚·切莱比曾这样描述这座清真寺的构造和外形：

> 苏莱曼召集了帝国范围内建筑、施工、凿石和大理石切割领域数以千计的卓越大师，用了整整三年的时间来打好地基。工人们深入地下，挖掘声惊天动地。又过了三年的时间，工人们才将地基建到地面。随后一年里，工人们暂停了建筑工程，转而开始锯切各种颜色的石头，为主体建筑做准备。在接下来的一年里，壁龛修建完成……之后，耸入天穹的墙壁也修建完成了，在四个坚实的基桩上，他们放置了它的高穹顶……除了支撑它的方形墩之外，在左右两侧还有四根紫色花岗岩柱子，每根柱子的价值都是埃及年贡赋①的 10 倍……穹顶的一侧与壁龛相连，另一侧与之相对，由两个半圆顶连接起来，但穹顶并不是靠那些柱子支撑的，因为建筑师担心它们负荷过重。锡南还在每面都设计了窗户，让清真寺四面透光……在壁龛的左右两侧，还有螺旋形的柱子，看起来就像是神迹一般。还有一些纯铜制造的人形烛台，镀上了纯金，蜡烛由樟脑蜜蜡制成，每

108

---

① 据查，16 世纪中叶，埃及年贡赋为 500 万阿斯皮尔。——译者注

支烛台的重量可达 20 公担①……在清真寺的两侧，有矮柱支撑的长椅，其中一排面向大海，另一排面向市场。当清真寺非常拥挤时，许多人会在这些长椅上做礼拜。在清真寺的穹顶周围还有两排由柱子支撑的回廊，在神圣之夜，回廊便会被灯点亮。回廊上总共有 22000 盏灯，还有数千个其他的装饰品悬挂在屋顶上。清真寺四面都有窗户，清新的微风透过窗户进入清真寺内部，使人们仿佛在享受天堂里的永生……

这座清真寺的中庭有三道门，在进入中庭前需要经过三段楼梯。地面铺着白色大理石，平整如地毯……在中庭四壁的窗户上，蓝色瓷砖上刻着白色的《古兰经》经文。朝向礼拜方向的门（即北门）是最大的，它由白色大理石制成，其精巧华丽的雕刻和装饰举世无双……门槛上有雕刻的花朵和金属丝织花环，相互交错，与贾姆希德②的技艺不相上下。在门的两侧有四层楼高的建筑物，里面是专门为宣礼员、门卫和管理员准备的房间。在入口处，有一大块圆形的红色斑岩，其大小和抛光的精细程度无与伦比。

庭院四周竖有几根柱子，基座上的黄铜板刻有一些重要事件的日期，比如大火、地震、起义和骚乱。这座清真寺共有四座宣礼塔，共有十条回廊，象征着作为奥斯曼家族第十任苏丹的苏莱曼汗。毗邻清真寺主体的两座宣礼塔各有三条回廊，可以通过两百级台阶上去；庭院内角的两座宣礼塔较低，每座只

---

① 1 公担约 100 千克。——译者注
② 波斯神话中的国王。——译者注

有两条回廊……

这座清真寺的外庭是一大片沙地，沙地上种植的柏树、梧桐树、柳树、椴树和桦树将建筑的三个侧面围绕起来。清真寺有十道门……庭院的东侧没有围墙，而只是用一个低矮的栏杆围住，这样便可以将整个伊斯坦布尔的景色尽收眼底。礼拜会众可以在这里欣赏皇宫、斯库台①、博斯普鲁斯城堡、贝西克塔斯、托普哈内、加拉塔、卡西姆帕夏街区、奥克广场、金角湾和博斯普鲁斯海峡的全景，以及千帆竞过的壮观场景。外庭方圆千步之长。在清真寺与旧宫的围墙之间，有一个叫作摔跤手广场（Pehlivan Demir meydani）的小院落。这是一处山谷，伊斯兰学院的摔跤手在晡礼后可以在这里训练。

在清真寺的左右两边有四座学院，用于培养四大教法学派的教法学家，这里充满了学识渊博的人。同样，还有一所教授传统法律的学校，一所教授《古兰经》诵读的学校，一所医学院，一所儿童学校，一所医院，一个食堂，一所救济院，一所外地人医院，一家商队旅馆，一个金匠、纽扣匠和书商的市场，一个配有学生公寓和数千间仆人房间的浴室；因此，在清真寺的范围内，共有不少于 1001 个圆顶。从加拉塔眺望，苏莱曼尼耶清真寺犹如一片被铅②覆盖的广阔平原。这座清真寺共有职员 3000 人。苏莱曼通过从爱琴海上的岛屿，如科斯岛、希俄斯岛和罗德岛，收取稳定和大量的捐赠来支付他们的工

① 即今于斯屈达尔。——译者注
② 据称古代的清真寺等建筑的防水是用铅做的罩子覆盖于穹顶之上。——译者注

资。这些资金由专员负责的 500 名干事负责征收……

清真寺竣工时，建筑师锡南对苏丹说："陛下，我为您建造的清真寺坚如磐石，它将屹立不倒直到审判日来临；就算哈拉智·曼苏尔将德马峰倾覆，它也依然会坚固如初。"……锡南曾经见过十个精通几何学和建筑学的法兰克异教徒，当看门人给他们换上拖鞋，将他们带到清真寺进行参观时，他们每个人都惊愕万分，当看到宣礼塔时则是目瞪口呆，看到穹顶时更是扔掉帽子并喊道："天呐！天呐！"他们观察了支撑穹顶的四个拱门，上面刻着伊斯兰历 944 年（公元 1537 年）①，此刻他们已经找不到一个词来表达他们的钦佩之情，这十个人以手捂嘴，惊奇地汪视着那些拱门，足足看了一个小时。后来，他们看了清真寺的外部、庭院和四座尖塔、六道大门、柱子、拱门和圆顶，又一次摘下帽子，绕着清真寺走了一圈，这是他们表达惊讶的方式。我问他们的翻译他们觉得怎么样，其中一个说，没有一个地方能像这里一样，内外和谐统一、庄重优美，在整个欧洲没有一座建筑可以和它相媲美。

清真寺最明显的外部标志是宣礼塔，它通常是一个独立的结构，宣礼员从屋顶上号召信徒祈祷。"征服者"穆罕默德为圣索菲亚大教堂增加了一座尖塔；在一代人的时间里，这座城市的每一个角落都有这样极具特色的如尖细手指般的尖塔指向天空，耸立在拥

---

① 原文如此。译者查询了土耳其文化与旅游部的网站，其中提到苏莱曼尼耶清真寺建造于伊斯兰历 964 年（公元 1556 年）。一般认为该清真寺的建造时间是 1550—1557 年间，尽管在 1557 年后一些施工仍在进行。——译者注

挤的小巷和市场之中，这是对信徒的信号和告诫。

　　土耳其人在伊斯坦布尔建造的最经久不衰的建筑就是那些注定要为真主服务的清真寺、伊斯兰学院和托钵僧修道院，他们在这些建筑上倾注了大量心血，运用了最好的材料和技巧。而那些民用建筑，即使是皇宫，也都是用强度稍弱的材料建造的，这些材料通常是木质的，经常有意或无意地遭到破坏，然后被新的结构所取代。还有一些供公众使用的建筑，它们通常更加坚固耐用。例如，商铺 112 林立的室内巴扎、商队旅馆（这种旅馆集仓库、住所于一体，商人可以住宿、存储、出售货物）、浴室（在 18 世纪的伊斯坦布尔，这种建筑有 130 处之多）、医院和庇护所、收容所和救济院、学校、学院和图书馆。

　　巨贾名流的府邸主要有三种类型。*Konak* 这个词来源于一个古老的土耳其单词，意思是舞台或停泊的地方，主要用于指称城镇宅邸，包括商业场所以及高级政要的住宅。*Yali* 和 *köshk* 都是指用木头建造的乡间别墅，前者指海滨别墅或博斯普鲁斯海岸的豪宅，后者指花园中的避暑胜地。英语单词 kiosk（售货亭）就是从这里衍生出来的。

　　埃弗里亚·埃芬迪在 1638 年的记述中写道，苏丹穆拉德四世下令对伊斯坦布尔这座城市进行全面描述。此举主要是为对波斯发起的远征筹资：

　　　　"为了帮助我进行这次伟大的远征，我希望君士坦丁堡的所有行会，不论大小，都能聚集到帝国麾下。他们应该根据过去的法律展示他们的人员、店铺和职业的数量，与他们的长官

组成队列，或骑马或步行，与八列军乐队一起从阅兵阁
(Alayköshk) 经过，这样我就可以看到有多少人和多少行会。

113

这将是一支前所未有的壮观队伍。此外，还应该对所有皇家清
真寺，维齐尔清真寺，小清真寺，学院，《古兰经》诵读室，
经典诵读室，学校，修道院，商队旅馆，浴室，弹仓，驿站，
维齐尔及政要的府邸，喷泉，配水设备，管道，蓄水箱，穆斯
林、基督徒和犹太人群体，基督教堂和犹太会堂，面包房，水
磨坊、风磨坊，大厅和储藏室，所有房屋、花园、别墅，以及
君士坦丁堡四大毛拉管理的四个地区的所有纪念物进行登记。
所有地区的居民、行会、伊玛目、哈提卜以及管家应收集并记
录下每件事，然后将完整的描述呈送给高门。记录的人必须不
偏不倚；否则，我将下令处死他们。"他下令，博萨（Buza）①
行会应该最后通过，客栈老板不允许出现在皇家队伍中。"他
们应在队伍中协助博萨制售者；他们不得像其他行会一样演奏
军乐，只能打镲击鼓通过；他们应该展示博萨店、酒馆以及客
栈老板的数量。"为此，苏丹发布御诏，命令大维齐尔巴伊拉
姆帕夏（Bayram Pasha），穆夫提叶赫亚埃芬迪（Yahya
Efendi)，君士坦丁堡、埃于普、加拉塔、斯库台的毛拉，对
所有行会和职业，以及他们的首领、基金会、历史遗迹和遗产
进行登记。他们亲吻了地面，并遵照苏丹的命令对每个地区的

114

商店、行会、基金会和纪念物做了最完整的登记；这比苏丹塞
利姆统治时期毛拉泽克里亚埃芬迪（Zekeriya Efendi）所做的

---

① 一种饮品。——译者注

登记要完整得多，因为从那时到苏丹穆拉德四世统治时期，君士坦丁堡已经迅速扩大到没有再建造任何建筑的空间了。在三个月之内，对于君士坦丁堡城区及其周边区域和博斯普鲁斯海峡两岸村庄的登记就完成了。这些登记汇集成了一本完整的书，标题为《君士坦丁堡纪事》。历史学家索拉克扎德（Solakzade）在苏丹面前日夜阅读，苏丹感叹道："哦，我的真主！让这座城市繁荣永存。"

根据帝国诏书，以下是对君士坦丁堡的优秀城镇进行的描述。愿真主保佑她永垂不朽！

在君士坦丁堡、加拉塔、埃于普和斯库台的四位毛拉的管理下，正义在 670 个法院得以伸张。共有苏丹大清真寺 74 座，维齐尔大清真寺 1985 座，村镇小清真寺 6990 座，其他大大小小的清真寺 6665 座，施舍点 19 个，医院 9 家，小学 1993 所，《古兰经》诵读室 55 处，传统传习室 135 处，大修道院 557 座，托钵僧修行室 6000 处，外地人病房 91 处，驿站 997 个，商队旅馆 565 家，单人旅馆 676 家，穆斯林社区 990 个，希腊人社区 354 个，犹太人社区 657 个，法兰克人社区 17 个，亚美尼亚人社区 27 个，维齐尔官邸 6890 座，公共或私人浴室 14536 个，公共或私人喷泉 9995 个，输水管 989 个，饮水处 200 个，圣泉 100 处，水井 60000 口，储水池 55 座，地窖 3000 个，室内市场 3 个，磨坊 37 座，皇家结算处 35 个，咖啡仓库 2 座，丝绸仓库 1 座，蜂蜡仓库 1 座，金线仓库 1 座，海关仓库 1 座，关口仓库 1 座，油仓 1 座，鱼仓 1 座，盐仓 1 座，饼干仓库 1 座，酒库 1 座，火药库 1 座，停尸库 1 座，帝

115

国铸币厂1家，布仓1座，小麦仓1座，大麦仓1座，巴耶济德仓库、苏莱曼仓库、木头仓库、马仓、面粉仓、干草仓各1座，皇家马厩1座，兵工厂1家，国家监狱4座，罪犯监狱4座，烤炉600个，风车600个，水车28个，食物巡查员住所、菜仓、羊肉仓、城镇巡查员住所、庖屋巡查员住所、咸肉仓、屠宰场、新旧禁卫军营房、边防军营房162处，新人童仆、军械师、敛缝工人营房，军火库和投弹手营房，麦乌莱维教团托钵僧修道院4座，酸奶房1处，造纸厂1家，皇家狮房1处，染坊70处，银器房10处，火枪制造厂1家，铅房1处，乐坊1处，帐篷工房子1处，仆从房1处，画家房1处，运水人员房1处，枪手房1处，铸造工房1处，裁缝房1处，车夫房1处，烟花储藏库1座，禁卫军训练室1处，大型犬驯养员房1处，猎犬驯养员房1处，卫兵房1处，驯鹰官房1处，金匠长官房1处，水壶制造商房1处，纽扣制造商房1处，马具商房1处，玻璃制造商房1处，商户负责人房2处，醋制造商房1处，酸味水果甜品制造商房1处。

微臣埃弗里亚现在将要详细介绍君士坦丁堡城镇里的商店和不同的手工业者行会。

116 　　长达数百页的对伊斯坦布尔行会的描述生动而多彩地展现了这座城市的丰富生活。行会分为57个分支，总共由"1001个行会"组成，这里的1001是一个虚指，因为有名字的行会只有700多个。第一个部门由迎宾员、警官、侍臣、新人童仆、监察员、杂役、工兵、轻工兵、矿工和石匠组成。

矿工和石匠……会随身携带矿具、铲子、锄头和斧头等工具，嘴里发出"嗨""嘿"的叫喊声。他们的工作是清理会阻碍军队行进的地面，并炸毁墙壁。

第二个部门处在警长的管理下，包含了扈从、警察、刽子手、窃贼强盗、壮丁、马夫和看门人。对于由"不计其数"的小偷和其他不道德的人组成的行会，埃弗里亚如是说：

他们不出现在公开的游行队伍中，也不为人所知，但这些盗贼会向两类警官进贡，并通过混迹于君士坦丁堡的人群中和欺骗外国人来谋生。

对于壮丁的描述总让人联想起其他时代和地方：

兵工厂的壮丁并不只对某一特定人群忠诚，也没有特定的赞助人，他们由兵工厂总管负责管理。当舰队在君士坦丁堡时，总管引诱穷人和他们一起去酒馆与博萨店，在他们的口袋里放几百皮亚斯特（piastre）①：当他们喝醉后，总管会以花了帝国的钱为借口，把他们锁在大帆船上，在战役结束后才将他们释放，并给他们 1000 阿斯皮尔的报酬。有时总管会再次欺

117

---

① 皮亚斯特是一系列货币的名称。皮亚斯特一词来源于西班牙语的"银圆"一词，其词汇更深层的来源可追溯到意大利语，本义是"薄的金属盘子"。法国将印度支那变成其殖民地之后，发行法属印度支那皮亚斯特，规定其与西班牙银圆等值。在中国，因其印有自由女神坐像，故俗称"坐洋"。——译者注

骗他们，答应给他们 2000 阿斯皮尔。这些总管们非常善于诱骗，让本来安稳的人陷入困境，让他们踏上"贼船"。

每个部门都有一个负责人，他通常是该部门主要行会的负责人，各行会之间会有位次排序。有时它们之间也会产生纠纷：

皇帝的命令已经下达，在地中海船长们之后便是屠夫，所有出售大米、大麻、咖啡和糖的埃及商人聚集在一起，开始与屠夫争论。最后，他们来到皇帝的面前，说了下面这番话："陛下！我们的船载着大米、扁豆、咖啡和糖，从埃及来到君士坦丁堡；船长们离不开我们，我们也离不开他们。这些沾血的屠夫怎么能掺和进来呢！这些屠夫不止一次地引发了瘟疫，这也是为什么他们的店铺总是在城外的角落里。他们就是一群手上沾满了鲜血的下流人，但我们却不断向首都供给粮食与蔬菜。"当然，屠夫们也据理力争。他们说："陛下！我们的保护人是屠夫乔麦德（Jomerd），我们主要与羊打交道，而羊这种动物是真主赐予给他的仆人（人类）的食物。由此可见，肉类是最重要的商品。一个穷人能仅凭一点肉就撑过五六天。我们通过合法的收入让首都繁荣，但那些商人却通过利息获益。在《古兰经》中，真主说'售卖是合法的，但是放贷是被禁止的'。他们从埃及将粮食和其他食物带来，但却把它们囤积在自己的仓库里来制造饥荒，以此获取非法利益。奥斯曼人不想要埃及人的大米。菲利普波利斯、贝伊巴扎以及其他地方同样有大米。鲁姆的居民也不需要埃及的大麻，因为在鲁姆，莫纳斯提尔（Monastir）、科鲁鲁尼亚（Kolurunia）、塞尔菲耶（Serfije）、蒂尔哈莱（Tirhale）和安纳托利亚的上千个地方都生产麻，尤其是在特拉布宗，那里的亚麻布和衣服物美价廉，所以贝都因人的衣服没有超过 20 银币的。他们的亚麻布还有什么价值呢？它们甚至还引起了君士坦丁堡多次火灾。至于扁豆，在鲁姆和安纳托利亚都不是新鲜东西。还有埃及蔗糖，在《古兰经》中，真主并没有赞颂蔗糖，反而是赞颂了蜂蜜的纯净。雅典、瓦伦西亚、摩尔达维亚①的蜂蜜品质优良，如果陛下想要蔗糖，阿赖耶（Alaya）、阿达里亚（Adalya）、阿达纳（Adana）、锡利夫凯（Selefke）、塔尔苏斯（Tarsus）、帕亚斯（Payas）、安塔基亚（Antakya）、阿勒颇、塞伊达（Saida）、大马士革、贝鲁特以及的黎波里（Tripoli）这些地方都盛产蔗糖。那埃及人的蔗糖还有什么价值呢？至于咖啡，这种新饮品驱散困意，使人充满活力。咖啡店是混乱的地方。咖啡明明是一系列教令都规定为非法的饮品……果子露、牛奶、茶、八角茴香、兰茎奶和杏仁奶油都比咖啡好得多。虽然说海娜花是女性指甲和男性胡须的合法染料，但可以把鸦片酊研磨成糊状物，这种东西也可以将指甲和胡须染成最好的红宝石色，并杀死皮肤和头发中的寄生虫，起到洁净的作用。因此，染色剂也是没有必要的。"屠夫们如此诋毁来自埃及的货物和产品，埃及商人自然也不甘示弱，他们回应道："我们的米又细又白……而且……如果和黄油一起煮，会散发出麝香般的香味。它出自先

119

---

① 即今摩尔多瓦。——译者注

知时代的奇迹，在那之前，既没有大米也没有玫瑰水，既没有香蕉也没有枣。至于扁豆，根据传统，它们生长在天堂。与鲁米利亚的相比，那些用尼罗河水浇灌的作物口味更佳、果实更大。而且很难找到比埃及产的质量更好的海娜花。使用它是合乎圣训、无可辩驳的。至于蔗糖和大麻，我们承认鲁姆人并不需要它们，因为法兰克的糖品质更高。话说回来，屠夫们，你们的经营对国库有什么贡献？我们的船队从埃及运送货物，每年向海关缴纳至少 11000 袋金子作为税款。如果陛下认为我们的要求合适，他定会做出有利于我们的决定，也就是我们在屠夫们的前面。"商人们话毕，穆夫提叶赫亚埃芬迪和穆伊德·艾哈迈德埃芬迪引用圣训的话说道："对人类有益的人是至善之人。"同时，皇帝制定了一份御令，据此，商人优先于屠夫，这让商人非常高兴，他们欢呼雀跃，紧随地中海船长们离开。

每年，各行会都会举行一次公开的游行：

> 这支队伍在黎明时分开始行进，并持续一整天，直到日落时分。这支队伍由仪仗队长开道，人数有 20 万之多，犹如海浪一般一波一波行进。每个行会在行进中都会在君士坦丁堡法官的宅邸前停下，也就是胡斯雷夫帕夏（Hosrev-pasha）纪念碑旁的新花园，这已经成为一个约定俗成的习惯了。因为法官是他们的直接管理人，负责检查所有度量，并召集各行会。按照法律规定，所有行会都应向君士坦丁堡法官展示其商品和货物，但有些得以豁免。在向首都最高法官致意之后，各行会陪

同他们的官员到其住处，然后每个人都会返回家中。在此期间，君士坦丁堡所有贸易和工作停摆三天，在这三天里，城市的混乱程度无法用语言来描述，而鄙人埃弗里亚只敢简单描述。这样的队伍恐怕是空前绝后了……这就是伟大的首都君士坦丁堡的盛况，愿真主保佑其免受灾祸、永世长存。

可以列举几个行会作为例子：

腌牛肉的商人有 600 人……富商……他们中的大部分人是摩尔达维亚和瓦拉几亚的异教徒……他们在圣德米特里厄斯日前后带来了 30 万头牛制成腊肉供应君士坦丁堡。他们在七塔堡外的沟渠里卖牛。他们把消费税交给腊肉检查员，争执冲突则由负责腊肉行会的副会长裁决。这个大型牛肉市场会持续 40 天。在给穆拉德四世的官方声明中提道，在阿里阿迦担任海关检查员、侯赛因担任腊肉行会副会长时，有 30 万头公牛被献祭。这些牧牛人和牧羊人的上级并不为人所知。厨师负责处理祭品的头和脚。这些牛羊贩子衣着得体、干净整齐地骑着阿拉伯马行进。

果子露商人有 500 人，300 家商铺。他们用无数的瓷杯和瓷碗来装饰他们的商店，里面装满了用大黄、玫瑰、柠檬、莲花、罗望子和葡萄制成的果子露。他们一边行进一边将果子露展示给观众。最有名的是贝都因人开的果子露商铺，这些商铺位于泰伊扎德纪念碑对面……靠近马哈茂德帕夏喷泉。在阿拉伯、波斯和土耳其，没有别的果子露商人能和他们媲美。他们为维齐尔和帝国的精英制作果子露，客人络绎不绝。

121

运冰商人的机构在菜市场附近，帝国的运冰长官一年四季都住在那里。在他的指挥下，300 名船工总是去到卡迪尔利（Katirli）、穆达尼亚（Mudanya）和奥林匹斯（Olympus）的山上。他们从这些山上运来雪、冰和淡水，送到御膳房、糖果店、后宫、大维齐尔和其他大人物的府邸。穆达尼亚骡夫、布尔萨游牧民和碎石工人把冰雪从山上运到海上。运冰人的长官负责检查君士坦丁堡附近的 9 个冰窖。冬天下雪的时候，大维齐尔、禁卫军首领、御林军首领、海军司令会带着 20 万人，拿着铁锹，聚集在奥克广场，把雪堆成大块扔进雪窖里……

捕鱼人用被称为卡拉提亚（Karatia）的网捕鱼。我们在君士坦丁堡的港口数过，从萨拉基里奥角到埃于普，在海岸的两边，有 150 张这种网。有 10 位渔民是为穆罕默德二世打开佩特里之门的希腊人的后裔，现在他们仍然可以免除各种义务，也不用向渔业监察员缴纳什一税。卡拉提亚是一种捕鱼器具，它包含一根从岸边房屋伸出的杆或柱，杆的末端系有一张正方形的网，用于捕捉鱼类。居住在港口海岸的希腊人都受御林军首领的管辖，未经其允许不得在海中固定桩木；他们每固定一根桩木就要支付一枚达克特①。这些渔民没有纳税的义务，但是他们须帮忙捕海豚，这些海豚会成为皇帝的药材。他们知道海豚在王子群岛的藏身之地，如果其他人捕捞则会受到惩罚。

贩奴的商人共有 2000 人，他们使用商队旅馆，并在那里设立了奴隶市场。这些人在游行期间衣着华丽，将从切尔卡西

---

① 旧时在多个欧洲国家通用的金币。——译者注

亚、明戈瑞利亚、达迪安等地购买的奴隶作为合法战利品，在皇家阅兵场上展示给皇帝。皇帝会挑选 100 名最优秀的格鲁吉亚人、阿巴扎人和切尔克斯人带回皇宫，并用贵重的礼物奖赏他们的主人。奴隶监察员走在队伍最后面，在他们前面会有100 个穿着华贵衣服的美丽女孩行进，身后跟着大约1000 个英俊的小伙子，他们的眼睛和脸庞光彩照人，他们代替了侍从，在奴隶监察员的前面和周围行进。

　　盖印工。盖印处紧邻金匠厂，是一座拥有花园和浴场的宏伟建筑，共有70 人供职于此。他们在君士坦丁堡加工的所有银器上印上花押，这里的花押与硬币上的不同，因为这上面的花押含有"永获胜利"的字样。盖印处的长官同时也是众金匠的监察员，因为在对银器进行检验后，他会在他们的作品上盖印。印花税为 6 阿斯皮尔，其中 3 阿斯皮尔归国库，3 阿斯皮尔分给盖印长官和塔上的 3 个苏菲；如果这 3 个苏菲胆敢在低于规定标准的银器上盖银章，他们的头将被砍下，正直的人将被任命接替他们的职位。如果将银子放入火中检验发现不纯，那么盖印处的长官会替皇帝没收它们，或用锤子将其打成小块归还给所有者；如果发现银扣是空心的或填充了某些假合金，他也会同样处置。这些都是根据苏丹塞利姆一世的律法来的，他本人就是一个金匠、宝石工匠和盖印官。盖印处的建筑就属于他的宗教基金。

　　裁缝。裁缝共有两座宏伟的建筑：第一座由穆罕默德二世建造，靠近狮子园，那是长官居住的房子；第二座位于阅兵场对面，由苏丹苏莱曼建造。每座建筑中都有 500 名工人。君士坦丁堡城外的裁缝店总共有 3000 家，分布在首都四个管辖区的所有街区，工人数量为 5000 人……除了居住在上述两个地方的两位皇家裁缝长官之外，还有一位长官负责管理城内外所有裁缝。他们用各种各样珍贵的衣服装饰他们的店铺，柱子上挂着大量用埃及原料制成的织物，他们的伙计们穿着盔甲，因为他们是军营中最需要的行会，因此比下面的行会更有优先权……

皮匠。在君士坦丁堡的四个管辖区中有 12 家优秀的皮革厂。这些皮匠是一群桀骜不驯的草莽；如果一个罪犯或染血的恶棍躲在他们中间，他们会拒绝将他交给司法机关，但他们也不会放过他，而是让他去翻狗屎，这会让他痛悔前非并在以后改过自新。共有 700 家皮革厂和 3000 名皮匠。这些皮匠是一群野蛮之人，是导致已故的大维齐尔马利克·艾哈迈德帕夏被罢黜的罪魁祸首；他们是如此叛逆、不可救药，他们如果聚集在一起，甚至可以推翻苏丹的统治。在军营的公共入口处，他们中的许多人赤脚、光头，手脚被染成红色，手臂和指甲是深蓝色或黑色，他们穿着五颜六色的皮革，他们的围裙、头巾和棍棒都是皮革制成的，嘴里喊着"阿斯特拉，阿斯特拉"。还有人忙着用蓝色、黄色、桃红色这样不同颜色的精致皮革装饰他们的店铺；还有人把山羊皮放在木制的容器里，踩在上面，嘴里喊着"呀嘿"。还有人念叨着："我们清洁秽物，秽物清洁者是我们。"

鞋匠共有 4000 人，340 家店铺。他们在珊瑚市场拥有 7 家工厂，这里住着 8000 多名从事该行业的单身男子。他们拥有自己的长官，这些长官由苏丹苏莱曼的谕旨任命，不受其他长官的司法管辖。他们单独审判犯人，甚至可以判死刑，把被处决的犯人埋在自己的区域内。有一次，苏丹苏莱曼对因为不满而不愿喝汤的禁卫军发怒，发誓要在鞋匠的帮助下消灭他们。听到他的誓言，40000 名全副武装的鞋匠商人从伊斯坦布尔各地赶来，聚集在宫殿前高喊"安拉，安拉"。苏莱曼对于他们的喊声感到惊讶，询问了原因后，对他们的忠诚感到十分欣慰，苏丹接见了他们的长官和长老，询问他能为他们做些什么来回报他们的热情。他们的请愿书包含四点。第一，他们说之前会分配给他们新人童仆，那些人受过良好的教育，有读写能力，还有军事能力，但这种传统被禁卫军禁止了，于是他们请求恢复。第二，他们感叹一双鞋卖 10 阿斯皮尔太低了，希望涨价。第三，他们请求由自己的官员自由处决罪犯，不受其他法官的干预。第四，他们请求在游行中进入演奏土耳其音乐的特定队伍的特权，因为在这之前，他们的长官一直混在新人童仆的长官的队列中。苏莱曼颁布谕令，应允了他们的四个请求，并命令他们回家，保持冷静并像以前一样做好准备。以前以拒绝喝汤来抗议的禁卫军现在胃口大开，恨不得把盘子也一起吞下去。鞋匠们全副武装，但光着脚，光着头，用各种尺寸的鞋子和拖鞋装饰着他们的商店……

126

制售拉克酒的人共有 300 人，100 家店铺……他们从各种植物中提取精华……嗜酒成瘾是有罪的，但浅尝几滴并无大碍。

从黑海和地中海，从多瑙河和尼罗河，商人和政府官员保障了城市人口对面包、肉类和其他食品的巨大日常需求。进口商和制造商给他们带来衣服、饰品和奢侈品。各省的税收和贡品，封地、捐赠、地产和官职的收入以及贸易利润流入城市。城市中有住在豪宅里的富人。除了一些因为权力或职务拥有财富的高官之外，还有富有的商人、金融家和企业家。

行会，特别是商人和工匠的兄弟会，在城市的社会和集体生活中发挥了重要作用，这与古希腊、罗马和西方城市的公民和公共生活的某些方面是一致的。奥斯曼帝国的伊斯坦布尔和其他伊斯兰城市一样，那里没有真正的共同公民身份，也没有公共或市政机构。中世纪的伊斯兰教本质上是一种城市文明，在一众辉煌繁荣的城市中达到了最高的成就；然而，伊斯兰律法和伊斯兰政府从未真正承认这样的城市。古典的伊斯兰教法理论不承认法人，也不允许有代表性机构存在。伊斯兰历史上没有任何城市像欧洲城市那样具有法人身份和地位、明确界定的边界和权利，以及公认的法定特权。没有公民身份，也没有公民机构，这种城市由两类人统治。第一类由国家的官员组成，包括文职和军事人员，他们行使国家赋予的权力；他们主要负责守卫、消防和一般的公共安全。第二类是宗教人士，即乌莱玛阶层的成员，在涉及伊斯兰教法的规定时，他们被赋予某些预防、裁决和执行的职责。

出于行政目的，奥斯曼帝国的伊斯坦布尔被划分为四个区：伊斯坦布尔区以及"三邑"（bilad-i selase）——加拉塔、埃于普和于斯屈达尔。伊斯坦布尔区源于君士坦丁堡的一座古老的三角形古城，它建立在金角湾、马尔马拉海和两海间陆地围绕的群山之上。三角形的顶点是萨拉基里奥角以及延伸出来的托普卡帕宫，宫内拥

有广阔的空间和多种多样的建筑物与部门。在帝王门之外是巨大的
竞技广场，广场上坐落着圣索菲亚大教堂。一条路从那里通向第三　　128
山丘、城市旧中心、"征服者"穆罕默德的旧宫、巴耶济德清真寺，
并很快到达大巴扎以及苏莱曼大帝清真寺建筑群。

　　金角湾的对岸是加拉塔区。在拜占庭时代，这里曾是欧洲人的
殖民地，尤其是热那亚商人。在土耳其人统治下，它保持了原貌，
是非穆斯林和非土耳其人的聚集地。然而，一些穆斯林也在这里定
居，并建立了两个重要机构：一个是加拉塔萨雷学校，它是宫廷教
育系统的一部分；另一个是麦乌莱维派修道院，这个修道院是托钵
僧于 1492 年建立的，是首都最古老的麦乌莱维派机构。加拉塔以
北的山丘成了外国使节和领事最喜欢居住的地方，著名的路易吉·
格里蒂（Luigi Gritti）就曾住在那里，他是威尼斯总督的私生子，
在苏莱曼大帝时期，他是大维齐尔易卜拉欣帕夏的顾问和知己。土
耳其人称他为贝伊奥卢（Bey-oglu），即王子的儿子，渐渐地，这
个名字开始指代整个加拉塔及其周边地区。欧洲人称之为佩拉
（Pera），这是一个希腊语词汇，意思是超越或横跨，取跨越金角湾
之意。

　　在金角湾北端的城墙之外，是埃于普区，这个名字来源于先知
的一位阿拉伯同伴和旗手，据说他在公元 672 年阿拉伯人第一次企
图从拜占庭人手中夺取这座城市时倒下了。"征服者"穆罕默德在
那里建造了一座清真寺和一座坟墓，这块圣地的威望非常高，以至　　129
于奥斯曼土耳其苏丹的登基仪式和佩剑仪式，都在这里举行。

　　于斯屈达尔区位于亚洲海岸，与古老的伊斯坦布尔区隔海相
望。在君士坦丁堡陷落时，这块土地就已经在土耳其人的统治之下

至少一个世纪了，在很大程度上已经是土耳其和伊斯兰的了。但是，在 1453 年以后，它才真正成为首都的一部分，据埃弗里亚说，这里直到苏莱曼大帝时代才真正发展起来。这里成为一个重要的宗教中心，有许多著名的清真寺和伊斯兰学院；这里还是许多托钵僧修道院的所在地，一所著名的里法伊派托钵僧修道院就在这里。加拉塔、埃于普和于斯屈达尔并称为"三邑"。

武装部队的某些军官负责维持首都秩序；他们通过一个日夜巡逻的系统开展工作，该系统依靠城内和城市周围的警卫室网络运作。御林军首领是皇宫园丁的指挥官，他负责管理金角湾、博斯普鲁斯海峡和马尔马拉海的港口与海岸。他一般在 30 人的护卫下，乘船巡逻海岸和水道。海军司令负责管理加拉塔的商业港和商业区以及位于卡西姆帕夏的海军基地和军火库，并派出由海军军官领导的水手巡逻队进行巡逻。炮兵长官和装甲兵长官在基地与仓库附近也有类似的职责。在城市的其他地方，通常由禁卫军首领负责公共秩序和安全。在他的指挥下，一些高级的禁卫军军官特别关注警察事务。他们的职责是维持街道治安、预防和惩治犯罪、执行宗教当局的决定和判决，他们坚持宗教当局的职能是管理与执行伊斯兰律法以及苏丹的统治。

"三邑"拥有各自的卡迪，不受伊斯坦布尔区卡迪的管制，尽管他们在宗教等级中地位较低。四位卡迪负责各自区域的司法和宗教事务，每周三一起出席大维齐尔会议。乌莱玛阶层中另一个在城市中担任重要职务的是市场稽查员，叫"穆赫台绥卜"（*muhtesib*），其职责是执行与市场上出售的商品的价格和质量有关的法律和条例，并在总体上维护公共礼仪和道德标准。

关于宗教当局处理的问题，可以从 1573 年 7 月 23 日御前会议发给伊斯坦布尔卡迪的命令中略知一二。

　　给伊斯坦布尔卡迪的命令。从前，禁止异教徒将葡萄酒带入城市，并且免除了对葡萄酒征税。然而，异教徒们最终还是设法带来了葡萄酒，由于没有征税，国库遭受了严重的损失。这个问题被提交给首席穆夫提，他是当时最有学问的乌莱玛领袖，他的裁决如下："对苏丹的非穆斯林臣民带来的葡萄酒按半价收取什一税，对外国异教徒带来的葡萄酒按全价收取什一税，这是合法的。然而，将葡萄酒公然运到一座伊斯兰城市当然是不合法的，他们公开出售秘密购买的葡萄酒也不合法，更不用说卖给穆斯林了。当他们彼此出售葡萄酒时，必须私下进行。"

　　根据这项崇高的教令，一名专员被任命去收取葡萄酒的什一税，苏丹为此发布了一道谕旨。目前，我已经知道，在伊斯坦布尔这座天佑之城里，犹太人和基督徒违反了高贵的教令与我的谕旨，公开地把葡萄酒和烈性酒装在木桶、酒桶和皮革里，在他们的聚会上宴饮，并演奏音乐。因此，我已经下令，一旦这个命令传达给你们，你们应该给予这座城市中的犹太人、基督徒以及门奴明确且适当的警告，让他们不要公开地把葡萄酒和烈性酒装在桶里或者皮革里带进城市，不要把他们夜间偷偷带来供自己使用的东西卖给穆斯林，不要公开进行葡萄酒交易；不要把他们的房子变成酒馆，或者公开地售卖酒类；不要在他们的宴会上演奏音乐。

131

宗教当局的另一项工作在 1585 年 9 月 21 日发布的一项命令中有所体现，该命令拒绝了伊斯坦布尔屠夫提出的减免税收的申请。

给伊斯坦布尔卡迪的命令。你在给我们的信中说，天佑之城的屠夫来到教法法庭说："虽然在天佑之城羊肉的法定价格是 1 奥卡①（400 迪拉姆②）3 阿斯皮尔，但根据一条古老的律法，羊肉必须以 150 迪拉姆 1 阿斯皮尔的价格出售给禁卫军。在（伊斯兰历）993 年的 5 个半月里，我们已经屠宰了 23500 只羊，并以规定的价格卖给了禁卫军。因此造成的损失，使我们现在无力偿还欠牲畜经销商的 20 万阿斯皮尔的债务。"你进一步指出，当他们要求减免应缴的屠夫税时，羊业专员伊利亚斯·恰武什军士证实了他们所言的真实性。

在这个问题上，我的法令已经发布，必须遵守。我已经下令……无论古老的律法是什么，你必须按照它行事，从今以后避免任何违反它的行为。

这座城市的宗教和警察当局非常关注食物与饮料。有一段时间，咖啡和烟草也是备受关注，前者是从阿拉伯国家引进的，后者是英国商人从美洲殖民地那里引进的。大约在 1635 年，历史学家易卜拉欣·佩切维是这样描述咖啡和烟草的传入的：

---

① 1 奥卡约为 1.3 千克。
② 迪拉姆，一种银质货币，此处用作重量单位，1 迪拉姆银币约重 3 克。

在伊斯兰历 962 年（公元 1555 年）之前，崇高的天佑之城首都君士坦丁堡，以及整个奥斯曼帝国范围内都没有咖啡和咖啡馆。大约在那一年，一个来自阿勒颇的叫哈卡姆（Hakam）的家伙和一个来自大马士革的笑星谢姆斯（Shems）来到这座城市，他们在塔赫塔堡（Tahtalkale）区各自开了一家大商店，开始供应咖啡。这些商店成了一些寻欢作乐和游手好闲的人甚至一些文化人的聚会场所，他们常常二三十人一组地聚在一起。有些人读书看文章，有些人忙着下双陆棋和国际象棋，有些人带来新诗，谈论文学。那些过去为了娱乐而花费大量金钱举办晚宴的人发现，他们只需花一两个阿斯皮尔买一杯咖啡就可以获得乐趣。当时咖啡店的火爆程度十分夸张，各种寻求晋升的失业军官、法官、教授，还有无所事事的街角闲人，都宣称没有比这更能消遣和放松的地方，他们把这里挤得无处可坐、无处可站。咖啡一下子变得远近闻名，以至于一些高官和大人物也忍不住来到这里。伊玛目、宣礼员和虔诚的信徒们说："人们已经对咖啡馆上瘾了，都没有人来清真寺了！"乌莱玛说："这是一个罪恶的地方，去酒馆都比去那里好。"布道员更是全力禁止这种行为。穆夫提争辩说，任何被加热至碳化点（即成为木炭）的物品都是不合法的，因此发布了教令反对喝咖啡。在苏丹穆拉德三世时期，有很多禁令，但是某些人向警察长和值班队长求助，提出在小巷子的后门、不起眼的小商店出售咖啡，他们最终得到了许可……后来，这种行为变得十分普遍，以至于禁令也被放弃。布道员和穆夫提改改口道，咖啡不会被完全碳化，因此喝咖啡是合法的。乌莱玛、谢赫、维齐尔

133

和大人物中，没有不喝咖啡的人。大维齐尔们甚至开始建造大型咖啡馆作为投资，以每天一两个金币的价格出租。

对于"烟草散发的恶臭和令人作呕的烟雾"，他说：

134

　　英国异教徒在伊斯兰历 1009 年（公元 1600—1601 年）将烟草带到这里，并将其作为治疗某些湿热疾病的药物出售。一些享乐者和沉迷酒色的人说"这是一个享乐的机会"，他们很快就上瘾了。渐渐地，越来越多的人开始吸烟，许多人甚至是大乌莱玛和一些大人物也沉迷于此。整个咖啡馆里都充斥着蓝色的烟雾，以至里面的人看不见彼此。在市场和集市上，他们也烟不离手。他们朝彼此吐着烟，弄得街道和市场臭气熏天。为此，他们还写了一些愚蠢的诗句，并且不分场合地朗诵出来。

　　有时候我和朋友会为此争吵。我说："它那令人厌恶的气味污染了一个人的胡子和头巾，污染了他身上的衣服和他住的房间；有时它还会引燃地毯、毛毡和床上用品，把它们烧成灰烬；在睡着后，它的邪恶蒸汽上升到大脑；更有甚者，它使人们远离辛劳和收获，使双手远离工作。考虑到这些以及其他类似的有害且可憎的影响，它还能有什么乐趣或好处呢？"

　　对此，他们能给出的唯一答案是："这就是一种娱乐，而且是一种审美趣味上的愉悦。"但是它并不能带来精神上的愉悦，与审美趣味更是没有任何关系。这根本不是一个答案，而单纯是一种虚夸。

　　除此之外，它还多次在君士坦丁堡这座天佑之城引发大火。几十万人在火灾中遇难。如果非要说它有什么好处，那就是它可以保护划船奴隶，因为它可以在一定程度上让船上的卫兵保持清醒，并能防止潮湿，保持干燥。但是，为了这么小的利益而承担如此大的损失，既不合情理也有违传统。到伊斯兰历 1045 年初（公元 1635—1636 年），烟草传播之广泛、声名之远扬已经到了难以言表的程度。

　　但即便如此，还是很快就出现了众多提供咖啡、烟草并能供人愉快交谈的地方，这些地方吸引了城市中的才子、文人、学者和官员。据说谢姆斯仅仅在三年后就带着 5000 金币返回阿勒颇了，赚得盆满钵满。1589—1592 年以及 1593—1598 年的首席穆夫提博斯坦扎德·穆罕默德埃芬迪（Bostanzade Mehmed Efendi）甚至以诗歌的形式发表了一篇详细的教令，赞许了这种被一位阿拉伯诗人称为"睡眠与爱情的黑色敌人"的饮料。其他一些较为保守的乌莱玛则持反对态度，在这些场所对公共事务的讨论似乎引起了当局的一些警觉，当局发布了针对这些场所的法令，但收效甚微。1633 年，以严酷著称的穆拉德四世禁止了咖啡和烟草，并处决了一些喝咖啡的人和吸烟者。据称这是为了保护城市免受火灾，另一个原因可能是为了使政府免遭非议。佩切维十分赞同：

　　愿全能的真主增添我们至高无上的皇帝的生命、权力、正义和公平（真主也增强他的助手们），他已经关闭了天佑之国中所有的咖啡馆，并在原来的地方开设了合适的商店，他已经下令完全禁止吸烟。他通过这种方式给予了富人和穷人如此大的恩惠，人们对此感激不尽。

经过进一步的争论和逆转之后，"无味者"，也就是那些咖啡和烟草的反对者，最终失败。烟草最终在首席穆夫提穆罕默德·巴哈伊埃芬迪的教令中被宣布为合法，他本人就是一个烟瘾很重的人，1634 年他因为吸烟而被解雇并遭流放。然而，与他同时代的卡提布·切莱比谈到他时说，他支持烟草的裁决并非出于他自己的烟瘾，而是出于对最适合人民的生活条件的关注，以及对教法原则的信念，即所有未明确禁止的东西都是被允许的。

咖啡馆并不是伊斯坦布尔市民唯一的消遣场所。他们最喜欢的娱乐活动是野餐，在城市的郊区有许多人们喜爱的野餐场所，上至王公贵族下至平民百姓，常常在夏天和秋天去那里。清流小溪十分受欢迎，溪岸上树木葱郁、花草优美，野餐的人们从伊斯坦布尔来到这里，划着精致华丽的小船，在树林、喷泉和花丛中嬉戏交谈。这就是位于博斯普鲁斯海峡亚洲海岸的屈楚克苏（Küçüksu），欧洲人称之为"亚洲的甜蜜之水"；同样，金角湾上游被叫作"造纸厂"（Kâthane）的河流，游客们称之为"欧洲的甜蜜之水"。后者得名于一座古老的拜占庭造纸厂，自征服以来这里一直是最受欢迎的野餐胜地，也得到了苏莱曼大帝和其他苏丹的青睐。1721 年，艾哈迈德三世在那里建造了著名的萨达巴德（Saʿdabad）避暑宫殿，意为幸福之地，这是根据他的大使从巴黎带来的一个法国城堡的图纸建造的，那里有林荫大道、花园和亭子、喷泉和瀑布，还有那个时代流行的大量色彩斑斓的郁金香。

苏丹在公共节日会举办一些娱乐活动，包括体育比赛、展览、烟火秀和彩灯秀，以庆祝胜利、宗教节日和其他节日。在 1582 年波斯战争期间，穆拉德三世为了庆祝儿子穆罕默德王子的割礼，举办了一场庆典。一位欧洲游客对此进行了详细描述，他并非遵照传统对这些娱乐活动的目的进行解释，而是提出了自己的看法。几年后，其作品的英文版本在伦敦发行。

按照我主耶稣的纪年，公元 1582 年，土耳其皇帝，苏丹穆拉德意识到自己在走下坡路，察觉到自己的臣民们不太喜欢他，为了博取他们的好感和爱戴，增加自己的威信，引起外国人的敬畏和恐惧，苏丹决定用盛宴庆祝他的儿子穆罕默德的割礼，他认为这是适当的，甚至是必要的。为了更好地执行这个决定，他召集了许多基督教王子，让全世界目睹这个仪式，就像过去一样：确实有许多基督教王子和穆斯林的大使都被派往君士坦丁堡，其中有法国大使、波兰大使、威尼斯大使、波斯大使、摩洛哥大使、鞑靼利亚大使、特兰西瓦尼亚大使、摩尔多瓦大使以及其他许多王子。

现在让我告诉你们各种游戏和娱乐活动举行的地方。这里非常宽敞，设置了巨大的剧院和木制舞台，并给每位大使分配了单独的房间，可以在里面吃喝，也可以看戏和消遣。苏丹穆拉德在其中最漂亮、布置最华丽的隔间里，他能够从栅栏和围杆之间看到每个人，而不会被别人看到。他身后是他的母亲、妻子和妹妹；他身边一侧是大宰相锡南帕夏，然后是其他人物和贵族，另一侧是上述国王和王子的使节。在剧场的中间是一

138

个开放的场地，长 1800 步，宽 1200 步，铺着非常细的石头。在这个场地上还有两座极其美丽而古老的尖塔，其中一座尖塔的四个角用大理石制成，十分精致，在支撑这些尖塔的底座上有四根高耸的柱子，方柱圆顶。另一座尖塔是用石头巧妙地竖立起来的，不需要灰泥和砂浆……而在这两座尖塔附近，有几块木头高高竖起，看起来比尖塔还高，它们之间用绳索连接，就像一个凉亭，长长的绳索上还挂着灯：这些吊灯悬挂得十分巧妙，不仅自身闪闪发亮，还让整个区域都变得熠熠生辉。还有一个很像磨盘的圆轮，在不停转动。还有五根高柱形状的饰物，都是用蜡做成的，涂上了不同的颜色，闪闪发光。总之，一切都经过深思熟虑、精心准备，显得高雅而华丽。

139

随着割礼日，即（1582 年）5 月 18 日的临近，苏丹穆拉德及其儿子在公爵、贝伊和许多其他官员以及数千人的陪同下离开了他的宫殿，盛况空前，他们直接来到了这个专门为游戏和娱乐准备的地方。他们下马之后，见到了城堡外院展示的 300 只奇兽，皆为糖制，千姿百态，巧夺天工。苏丹穆拉德的儿子向他的母亲走去，身后跟着许多勇士。土耳其人的习惯是，苏丹的儿子在接受割礼之前，要去找他的母亲进行最后一次道别，因为他不会再见到她了。他抛下所有随从，前往母亲的宫殿，恭恭敬敬地履行职责，王子在母亲身边逗留了两个小时，他们进行了长久的交谈，在征得母亲的同意后，他才离开，直奔要举办盛会的地方，现在跟大家说说盛会的事……

140

下面我就把游戏、娱乐、消遣用三个段落给大家说说，看看它们是怎么呈现，怎么在三个时间段进行的。活动为三场：

上午场、下午场和午夜场。伊斯坦布尔的居民和行会……参加了上午的活动，表现出色。士兵、战士、体力劳动者、游吟诗人、舞者、演员等参加下午的活动。午夜的活动则是点燃精心制作的城堡、城墙、马匹、大象和其他动物形象。

现在让我告诉你下午的活动和最后一批出来的团体，他们是歌手、乐手、学者、僧侣、滑稽演员、杂技演员和普通演员：他们在生活方式和穿着上与土耳其人一样，四处游荡，不是什么好人也不是什么坏人，再平凡不过了。这些歌手和乐手大多与军队相处得很好，里面可能有阿拉伯人、摩尔人、波斯人、希腊人和西班牙人，他们在公园或广场上演奏他们的乐器，如短号、小号、鼓、西塔琴等，发出的声音十分聒噪，没有旋律，也没有音符的变化和持续，因此整个旋律都是他们各行其是的结果。最后出来的是学者，说实话，当你看到他们的脸时，你不会认为他们读过书；你更多地会想到朝圣者或乞丐僧侣。他们的上衣破烂不堪，头巾系着绳子，光着脚，手又粗又脏，还散发着难闻的气味，一副恶心的样子。他们向苏丹穆拉德呈上了一些他们自己制作的书籍和画纸。托钵僧和一群朝圣者紧随其后，因为去过麦加朝觐，所以他们在土耳其被视为非常圣洁的人。朝圣者的穿着打扮和学者没什么两样，他们只顾弯腰走路，最后变得愚蠢呆笨，因为他们从来不站着，永远在蹦蹦跳跳走来走去。人们会把他们比作大地之母库伯勒（Cybele）的祭司——库瑞忒斯（Curetes）和科律班忒斯（Corybantes）。苏丹穆拉德给他们派发了很多小礼物。在他们身后，则是蜂拥而至的演员们。他们有的戴着面具；有的像神

141

父一样穿着罩袍，戴着王冠；有的秃头；有的半秃，脸色很奇怪；有的留着山羊胡子，张着嘴巴好像要吞下所有人；有的上衣破烂不堪，帽子耷拉到耳朵；有的半裸半遮着；有的赤身裸体，毫无羞耻感……

我先从摔跤比赛说起，摔跤在古代是一项非常流行的运动，现在依然很受欢迎：还没等主持人介绍完选手，观众就一窝蜂地涌向摔跤场。一共有15对摔跤手，赤裸着身体，身上涂了油，互相角力。一个人走上台，像公鸡一样站在那里，吹嘘着，露出宽阔的肩膀，像弗吉尔（Virgil）笔下的达雷斯（Dares）一样挥舞着手臂，挑衅其他人来比赛。突然间，一个青年来到他面前要和他摔跤，这个青年身材魁梧，与他不相上下。他开始兴奋地用拳头捶打自己的腿和手臂，大声念了一遍祈祷文，稍做准备后，紧紧抓住他的对手。他们扭打在一起，倒在地上，鼻子被压扁，站起来又倒下去。他们有时互相推挤，有时抓住彼此，还不时地改变位置，抓起对方举至空中。一个抓住另一个的腿，试图控制对方又阻止他攻击，但另一个设法挣脱了，冲向他让其卸力。经过三个小时这样的鏖战，两个人都气喘吁吁、筋疲力尽，但又因为未将对方击倒而愤愤不平，观众纷纷站起身来，挑衅着，叫嚷着，可是最后他们只好作罢，苏丹穆拉德命令他们离开。过了一会儿又来了一对选手，但没有第一对那么激烈，而且也没有持续多久。这就是摔跤比赛……

现在让我们给我的描述收个尾（如果你们愿意的话），并尝试告诉你们晚上的景象，尽管晚上和白天基本相同，但我还

是会简要地描述给你们。太阳一落山，他们就点亮了挂在凉亭 143
和绳轮上的油灯（我已讲过）。这些灯做工精巧，闪闪发光。
此外，每天晚上，在上述公园内，都会点起 30 支火把，将整
个场地照亮，非常美丽明亮。现在，这些东西都整理好之后，
他们点燃了鞭炮，发出了非常响亮的声音，落到地上时，会冒
出六七颗火星，就像星星一样，非常好看。

在此之后，他们每天都会将最多 10 个木制城堡、塔楼或
船带到这个地区，这些物品用纸或细布覆盖，镀着金，非常华
丽，丰富多彩，上面有各式各样的图案，然后他们将其点燃。
这些物件里里外外都非常坚固，带有短炮。当这些城堡着火
时，就会产生电闪雷鸣般的声音和景象。这些照明弹像雨点一
样落在剧场上，像蛇一样飞来飞去。而这个声响结束时还伴随
着小号声和短号声。这些可怕的声音并不悦耳，反倒非常尖
锐，暗示着征服君士坦丁堡。此外，你还会看到装扮成波斯
人、意大利人和德国人的人形塑像，以及大象、骆驼、狗、 144
马、驴、野兽形状的塑像，火星如雨点般落在它们身上，一个
个在火光中化为灰烬。

这些活动一直持续到凌晨两点钟，有时（根据苏丹穆拉德
的命令）一直持续到三点钟才结束……

第六章
信仰与学问

在欧洲的基督教徒中，一度用"土耳其人"这个词作为穆斯林的同义词，一种普遍的说法是，对一个皈依伊斯兰教的人而言，无论是什么民族，都算是"变成土耳其人"。这种说法不是没有道理。奥斯曼帝国，从它建立到结束，都是一个伊斯兰国家，它首先致力于推动伊斯兰教的发展，然后是捍卫伊斯兰教，反对异教徒。从16世纪开始，它的领土包括伊斯兰教的古老心脏地带——圣城麦加和麦地那，以及古代哈里发的首都——大马士革和巴格达。奥斯曼帝国是最后一个或许也是最伟大的伊斯兰帝国，当然，它也是伟大的伊斯兰帝国中最持久的。用帝国作家和官员的说法就是，帝国的君主是伊斯兰教的君主，军队是伊斯兰教的军队，法律是伊斯兰教的法律，苏丹的责任就是进行维护和管理。在这项任务中，苏丹得到了一个伟大的学者和神职人员阶层的帮助，这些人是神圣律法的监护人。

人们常说，在伊斯兰教中没有祭司阶层，也就是说没有神圣职位，人与真主之间没有神职中介。也可以说，在伊斯兰教中没有律师，因为伊斯兰教不承认人类的立法职能，除了真主的法律之外，没有任何有效的法律体系。然而，事实上，从早期开始，就出现了一个专业的神职人员阶层，他们承担了律师和牧师的职责——神圣律法的饱学之士、伊斯兰的教法学家。在伊斯兰教中，法律和宗教之间没有明确的界限，在犯罪和罪恶之间（between crime and sin）也没有明确的界限。信仰的教条、仪式和崇拜的规则、民法和刑法，所有这些都来自同一个权威，并得到了同样的最终裁决的支持。那些在这方面具有职业专长的人，在同一知识规范的基础上，遵循不同的专业路径。这种知识在阿拉伯语中叫 *Ilm*，它是乌莱玛（意思是那些知道的人）的专利。在奥斯曼帝国时期，乌莱玛阶层被叫作 *Ilmiye*。

乌莱玛的学问涉及两个主要领域——神学和法律，他们的才能在两个伟大的职业中行使——教育和司法。这两者密切相关，实际上构成了同一职业发展阶梯的一部分。最高职位的持有者被称为毛拉（Molla），这是一个阿拉伯语单词，意思是主人。它一般用来指称首都的主要宗教要人，以及其他地方某些特定职位的占有者，他们是按等级和地位划分的。

在穆斯林法学家的严格理论中，国家没有立法权。只有真主制定法律，并通过天启发布。因而，伊斯兰教的神圣律法，即沙里亚，是基于《古兰经》和先知的传统，由古代的饱学之士搜集和解释。教法先于君主并决定了君主的职位，君主的职能不是制定甚或修改法律，而是维护和执行它。法学家的职责同样不是修订或改革，更不是改变神圣和永恒的法律，而是阐述和应用它。

因为在实践中总是存在解释和执行法律的需要，这就给君主的意志和法律工作者的技能提供了更大的空间，那要比严格的法律条

147

文所规定的范围更大。各族人民和各地方的习惯法也经常能够保存下来，在实际的司法体系中发挥不小的作用；统治者的意志，通常以御令的形式进行表达，可以简单而有效地处理各种问题，特别是财政和刑事事务，对这些，教法的条文没有提供明确和直接的指导。时不时地，政府还会发布成套的规定，这些被称为卡农的王法汇编起来就叫作卡农纳迈，其中一些是一般性的规定，其他的则涉及特定的领域或事项。这些通常不是严格意义上的法律法规，而是为了行政管理的方便，把现有的法律汇编出来，当然还是要遵循沙里亚、习俗和御令。许多卡农是在苏莱曼大帝统治期间颁布的，他在奥斯曼帝国的编年史中被称为"立法者"苏莱曼。法律领域的乌莱玛有两种——法官（卡迪）和法律顾问（穆夫提）。前者在奥斯曼帝国中数量更多，他们负责审判和裁决案件；后者则在接受咨询时就法律问题发布教令（*fetva*）。

奥斯曼帝国最早的乌莱玛阶层是来自东方的学者，苏丹任命他们为被征服的城镇的卡迪。穆拉德一世任命了第一位首席卡迪，给他的头衔是 *kadi-asker*，字面意思是军队的卡迪。第二位首席卡迪是由"征服者"穆罕默德任命的。从此以后，一个庞大的司法一宗教阶层发展起来，在伊斯兰历史上，这是前所未有的。起初，它是由两个首席卡迪领导的；后来，伊斯坦布尔的大穆夫提开始崛起，他被称为谢赫伊斯兰（*Sheyh ül-Islam*），在 16 世纪早期，这一职位成为高级宗教官员。谢赫伊斯兰的权力和影响力表现在宫廷礼仪的规则中，根据这些规则，他的地位仅次于大维齐尔，谢赫伊斯兰也仅仅被要求对大维齐尔做礼节性的拜访。后来，他似乎已经能够与大维齐尔平起平坐，甚至苏丹有时也被要求拜访谢赫伊斯兰。他的主要政治职能是根据伊斯兰教法就公共政策问题发布教令。因此，他可能被要求授权宣战，宣布苏丹的下台，或批准新的法规和条例的发布。在 16 世纪，当伊斯兰教的影响力迅速扩大时，大穆夫提们及其工作人员在协调伊斯兰教法的规定和奥斯曼国家的行政实践方面发挥了重要作用。

谢赫伊斯兰领导着一支由卡迪和穆夫提组成的大军，具有像基督教法官和主教那样的领土管辖权。清真寺及其工作人员，比如伊玛目、宣礼员、布道员，还有学校，包括学童、学生、导师、教师、教授和校长等，也在他的管辖之下。国家的官僚和宗教阶层在这些学校中接受教育，许多高级官僚职位通常由乌莱玛阶层的成员担任。

149

许多乌莱玛从事教学，这一职业的顶点是伊斯坦布尔的大麦德莱赛（即伊斯兰学院）的高级教授。这些是由"征服者"穆罕默德和苏莱曼大帝以及许多名望较小的人物创立的伟大学院。他们的教学大纲主要包括宗教和法律，但也对所谓的理性科学，如自然史、天文学和数学，给予一定关注，尽管这种关注正在减少。学校里还教授医学，当然是中世纪的伊斯兰学派，医学职业也被视为乌莱玛阶层的一个分支。麦德莱赛的教授是分等级的，其中的最高等级有资格在未来做法官或国家官员，比如，由乌莱玛担任的掌玺大臣和财政大臣。卡迪，虽然名义上是法官，也是许多省级记录的保管人，在一些较小的省级中心，卡迪实际上是行政权力的代表。大穆夫提没有世俗权力，他不能提出问题而只能回答问题；尽管如此，作为苏丹本人也要服从的神圣法律的首席授权代表，他拥有巨大的威望；作为有组织的等级制度的负责人，他握有重要的实权。

乌莱玛这个阶层完全控制了法律、司法、宗教和教育，同时也享有财务独立。乌莱玛本身是免税的，而且不像他们那些在奴官系统中的同事，乌莱玛可以使自己的财产乃至职业地位代代相传，从而形成了一个真正的世袭占有阶层。此外，他们有效地控制了大量的瓦克甫（*wakf*）的收入，瓦克甫是一些土地或其他收入性财产，这些财产或多或少出于宗教目的被奉献出来，作为宗教虔诚基金。这其中当然包括许多真正出于虔诚的目的而设立的基金；也包括越来越多的所谓的民间的或家族的瓦克甫，这些教产是可以父传子世代相传的，这种做法带来的财产保障程度是其他的财产保有形式无法比拟的。随着时间的推移，大量的财产变成了瓦克甫，其收入由乌莱玛阶层出身的或由他们任命的管理者控制。正如沃特利·蒙塔古夫人（Lady Wortley Montagu）在 1717 年的一封信中所尖锐指出的：

> 这帮人能够同时在法律或教会中获得优先权，这两种科学被铸造为一体，律师和牧师在土耳其语中是同一个词。他们是帝国中唯一真正有头有脸的人，所有有利可图的职业和教会收入都掌握在他们的手中。苏丹有权处理其人民的财产，但他从不冒昧地碰宗教阶层的土地或金钱，这些人的后代可以源源不断地继承这些财产。这是真的，如果他们接受了一个宫廷的职位或帕夏的称号，他们就失去了这种特权；但他们之中很少有这样的傻瓜。你可以很容易地判断出这些人的权力，他们掌握了帝国所有的知识以及几乎所有的财富。

在早期，奥斯曼帝国乌莱玛的首领通常是来自古老的伊斯兰文明国家的移民——波斯和阿拉伯地区——或者是去那里接受过教育的人。然而，到了 16 世纪，他们已经主要由奥斯曼帝国的土耳其人组成，并在首都和省级中心管理着他们自己的高等教育中心。尽管宗教职务倾向于世袭，但他们从未成为某种封闭性的祭司种姓。奴官阶层的下一代——军人和宫廷官员的儿子们——常常在宗教领域谋职；出身卑微的自由穆斯林——文官、工匠，有时甚至是部落成员——也会通过学校教育进入乌莱玛阶层。教育，虽然远未普及，但是免费的，并受到捐赠的资助。那些有前途的学生，尽管身无分文，还是可以通过乌莱玛阶层的梯子爬到最高职位。

乌莱玛是法学家和神学家，他们的宗教关乎法律和信条，并且是严厉的。对人民来说，他们以法官和主子的面貌出现，有权有势，往往还很富有。在他们的身后，是法律的威严和国家的权势，还有一位真主，他比他在大地上的代表苏丹更遥不可及。

清真寺里的仪式简单而肃穆。正统的伊斯兰教，就像基督教和犹太教一样，在其崇拜和仪式中拒绝舞蹈。伊斯兰教甚至比它的姐妹信仰更进一步，它也拒绝音乐和诗歌，并将其仪式局限于一些简单的、虔诚的文本，而这些文本主要来自《古兰经》。清真寺里没有祭坛，也没有圣所，因为伊斯兰教没有圣礼或圣职。伊玛目既不是祭司，也不是牧师，而是祈祷的引领者。他可以在宗教律法和仪式上引导信徒，但不能介入信徒和真主之间。公开的祈祷是一种井然有序的、有组织的行为，向独一的、遥远的、超验的真主表达顺从。它没有戏剧性和神秘性，也没有礼拜音乐或诗歌，更不用说具象派的绘画或雕塑，穆斯林的虔诚信仰拒斥这些，并将其视为近乎

151

152

对偶像崇拜的亵渎。穆斯林艺术家们使用的是抽象设计，基于阿拉伯文的神圣铭文精心设计装饰图案，这些铭文主要是《古兰经》中的语录。在艺术大师的手中，书法达到了艺术成就的顶峰，这对于那些在另一种美学和宗教传统中长大的人来说是难以企及的。

正统乌莱玛孤芳自赏，他们的礼拜索然无味，他们的教义不近人情，无法满足广大穆斯林群众的精神和社会需求，后者故而转向别处寻求慰藉和指导。在更早的时候，他们通常遵循什叶派的教义，从而被逊尼派乌莱玛视为异端，但许多什叶派信仰的痕迹仍然保留在民间宗教中。更重要的是苏菲派的影响，自中世纪以来，伊斯兰教的神秘主义者就被组织成托钵僧兄弟会，每个教团致力于不同的神秘之道（*tarikat*）。这些神秘之道弥补了正统伊斯兰教的不足。托钵僧的圣徒们弥合了正统观念留下的人与真主之间的距离；托钵僧的领袖就相当于牧师和导师；在寻求真主的道路上，有时在为了人类需求而奋斗的过程中，托钵僧的聚会提供了兄弟情谊和共融。他们的信仰是温暖的、神秘的、直截了当的；他们的礼拜充满了热情和狂喜，他们还使用音乐、歌曲和舞蹈让信徒体验到与真主的神秘结合。与乌莱玛不同的是，托钵僧仍然是人民的一部分，并发挥着巨大的影响力。在早期，他们常常是宗教和社会反叛运动的领袖，为了慈善与神圣而反对律法和学术，为了人民而反对国家和等级制度。有时，他们甚至能够渗透到宫廷和军队，并在权力中心挑战乌莱玛。在奥斯曼帝国诞生时，就有托钵僧成为宗教导师和边疆战士的指导者。随着土耳其人的军队征服了新的土地和城市，他们的影响力也扩展到那里，并建立起分布广泛的协会和分支机构系统，涵盖了土耳其的大部分人口。他们的中心是托钵僧修道院

(*tekke*)，在那里住着苏菲派教团的谢赫（长老），还有一些独身的追随者。已婚的托钵僧住在外面，在托钵僧修道院参加仪式，这样做的还有被称为爱真主者（*muhibb*）的平信徒。每个教团都有自己的狂喜崇拜形式，称为赞念（*zikr*），也有自己的纪律和规则。他们的一些做法很可能保留了古代的舞蹈崇拜习俗，以及未开化的突厥人的萨满仪式的痕迹；他们的一些信仰反映了土耳其人在从中亚穿越伊朗到达安纳托利亚的途中遇到的伊斯兰异端的影响，这些影响在安纳托利亚边疆地带那相对自由的环境中蓬勃发展。还有另一种影响表现在伊斯兰教的皈依者中，他们还保留了一些基督教信仰的成分，有时以伪装的名字向基督教的圣徒、节日和圣地致敬。在各个兄弟会的信仰和宗教习俗中，突厥人的、当地什叶派的和基督教的元素的重要性各不相同。

正统的乌莱玛对苏菲派教团持怀疑态度，这并不奇怪，乌莱玛还经常谴责他们。乌莱玛尤其不喜欢苏菲主义的地方有：他们的泛神论教义，似乎是在攻击真主的超然独一；他们对圣徒和圣地的偶像崇拜；他们诡异的仪式以及可疑的诱导狂喜的方法；他们在遵守神圣律法方面的松懈。另一个可疑的地方在于，什叶派因素在几乎所有兄弟会的信仰中都有强大的存在——也许不足以将他们称为什叶派，但足以引起正统派的恐惧和愤怒。还有其他令人恐惧的，那就是托钵僧领袖控制的压抑着的危险能量，如果他们愿意的话，这些能量就能释放出来。在塞尔柱和奥斯曼帝国的统治下，托钵僧以宗教理想的名义领导了许多叛乱，有时对既定秩序造成致命威胁。第一个伟大的托钵僧起义领导者是 13 世纪的巴巴·伊沙克（Baba Ishak）。另一场由著名的谢赫贝德尔丁（Sheyh Bedr ed-Din）领导

154

的起义，在 1416 年被镇压之前几乎摧毁了奥斯曼帝国。1519 年，苏丹塞利姆一世在战胜波斯和埃及之后，不得不在托卡特（Tokat）地区镇压一场以杰拉里（Jelali）为名的叛乱，叛乱的领导者也自称救世主。1527 年，苏莱曼大帝在莫哈奇战胜匈牙利人后不久，就不得不派他的大维齐尔带着一支军队前往安纳托利亚，在卡拉曼镇压叛乱，该叛乱由一个自称是哈吉·贝克塔什（Hajji Bektash）后裔的托钵僧领导，他被称为卡伦德奥卢（Kalenderoglu）。在 16 世纪末和 17 世纪初，又发生了一系列的叛乱，其中一次是在 1608 年，由穆罕默德阿迦（Mehmed Aga）领导，他也自称卡伦德奥卢。

卡伦德奥卢的意思是卡伦德的儿子，卡伦德在早期前往奥斯曼帝国的欧洲旅行者的著作以及《一千零一夜》的故事中，是一个为人熟知的人物。卡伦德是一群流浪的托钵僧，他们故意藐视穆斯林的意见，剃掉胡须、头发和眉毛，并摆脱神圣律法和大多数其他的束缚。巴巴（Baba，意思是父亲）这个词，一般用于称呼托钵僧的领袖，特别是那些从 11 世纪起就启发了土耳其边疆战士和部落民的人，正是这些受到启发的人征服并殖民了安纳托利亚。

从这些圈子里诞生了第一个伟大的土耳其兄弟会，也就是贝克塔什教团。其赞助人和同名的创始人就是哈吉·贝克塔什，他是来自呼罗珊（Khurasan）的移民，可能是 1240 年安纳托利亚叛乱的领导者巴巴·伊沙克的门徒。这个教团从不同地方得到了灵感，既有中亚的，也有本地的，经过长期的发展，它还吸收了相当多的基督教元素，似乎在 16 世纪初达到了古典形态。该教团的大师叫切莱比（chelebi），住在主修道院，那里靠近哈吉·贝克塔什的墓，在开塞利和基尔谢希尔之间；它的分支散布在安纳托利亚和鲁米利亚。它很快在首都立足，到 1826 年被解散的时候，据说有 14 个修道场所。根据一个古老的传说，哈吉·贝克塔什是禁卫军的创始人，他给了禁卫军名字和独特的头饰。虽然这种说法肯定不真实，但这个故事可能反映了禁卫军团和安纳托利亚托钵僧之间的早期联系。在 15 和 16 世纪，贝克塔什教团对禁卫军的宗教生活产生了主导性影响，担任禁卫军学员和士兵的导师与牧师，并赋予其宗教－军事兄弟会的特征。

尽管与禁卫军存在前述联系，贝克塔什教团还是保留了一些大众化的、激进的特征，并经常引起苏丹和乌莱玛的怀疑。历史学家埃萨德埃芬迪（Esad Efendi）在贝克塔什教团被解散时讲了一个故事，非常能够说明问题，即使不是关于该教团自身的态度，那也是其对手对它提出的指控。埃萨德说，在 1690 年与奥地利的战争中，

156

> 当穆斯林军队扎营过夜时，一个可恶的贝克塔什信徒跑到他们中间，挨个对士兵们说："嘿，你们这些傻瓜，为什么要白白浪费生命？真丢人！你听到的所有关于'圣战'和战斗中殉道的美德的说法，都是胡扯。当奥斯曼皇帝在他的宫廷中享受生活的时候，法兰克国王也在他的国家中自得其乐，我不明白为什么你们要在山顶上战斗？"

尽管有这样的指控，还经常被指控为异端、不敬虔，更严重的是，还被指控煽动叛乱，贝克塔什教团仍在继续蓬勃发展，它与禁卫军团的联系确保了它在奥斯曼国家的中心拥有权力和影响力。

　　也许是为了抵消贝克塔什教团的这种影响力，奥斯曼当局鼓励另一个对手教团的发展，后者也在奥斯曼帝国的生活中发挥了重要作用。这就是伟大的麦乌莱维兄弟会，被西方人称为"跳舞的托钵僧"（the Dancing Dervishes）。该名字来自著名的神秘主义者和诗人贾拉勒丁·鲁米（Jelal ed-Din Rumi），被称为麦乌拉纳（Mevlana），意思是我们的主，他住在 13 世纪的塞尔柱首都科尼亚。麦乌莱维在西方的名字，源自其赞念的一部分规定，他们会绕着右脚旋转，伴随着芦笛和其他乐器的音乐，直至达到狂喜状态。该教团的大师（切莱比）住在科尼亚的主修道院，就在教团同名创始人的墓地旁边。麦乌莱维教团的人是最接近正统教派的苏菲教团。它的追随者是城市居民的中层或上层阶级，包括许多著名的土耳其诗人和音乐家；它的学说很复杂，并且尽可能地减少了与正统教义之间的分歧。到 16 世纪末，它赢得了苏丹的青睐，在 1648 年，该教团的大师第一次主持了佩戴奥斯曼之剑的仪式，这是一个标志着新苏丹登基的仪式。后来的大师们有时也能行使同样的特权。

　　贝克塔什教团和麦乌莱维教团都是源自安纳托利亚的土耳其人，其影响力也主要限于受奥斯曼帝国统治或影响的领土。其他教团是从伊斯兰世界的其他地方引入的。例如，12 世纪在伊拉克建立的卡迪里（Kadiris）教团，可能是现存最古老的托钵僧兄弟会。这个比较正统的教团似乎是在 16 世纪奥斯曼帝国征服伊拉克时传入土耳其的，并很快在伊斯坦布尔建立了牢固的存在。另一个早期从伊拉克引进的是里法伊教团，它在西方被称为"嚎叫的托钵僧"（Howling Dervishes）。他们的追随者刺伤、划伤和烧灼自己，而不会受伤，他们的赞念基于有节奏的吼叫和哭喊。

纳克什本迪（Nakshbendi）教团起源于中亚，据说是在 15 世纪晚期由诗人伊拉希（Ilahi）介绍到土耳其的，他在布哈拉参观了该教团创始人的墓地，并加入了该教团。伊拉希将一位布哈拉谢赫带回伊斯坦布尔，在那里他建立了土耳其的第一个纳克什本迪道场。当时的几位土耳其作家是纳克什本迪教团的弟子，特别著名的是布尔萨诗人和神秘主义者拉米（Lamii of Bursa，1531 年去世），他是无数诗歌和散文作品的作者。后来，纳克什本迪教团以一个更激进的形式从印度重新传入，并吸引了相当多世俗追随者。相比于大多数其他教团，它的信仰更接近于逊尼派正统，其追随者严格遵守礼拜、斋戒和其他的教法规定。在 17 世纪下半叶写作的埃弗里亚·切莱比认识到了纳克什本迪教团的重要性，他评论说："伟大的谢赫们可以分成两个主要的教团：哈尔维提（Halveti）和纳克什本迪。"

埃弗里亚·切莱比提到的哈尔维提教团，一度具有特殊的重要性。哈尔维提教团的名字来自阿拉伯语的 Khalwa，意思是独处，指的是教团的规则，它要求其成员每年去过一次孤独的归隐生活，也就是在一个小房间里进行长达 40 天的闭关，并从黎明到黄昏进行斋戒和祈祷。15 世纪上半叶，高加索东部舍马哈（Shemakha）地区的一位神秘谢赫创立了该教团。它很快在阿塞拜疆和土耳其东部的土库曼部落中赢得了追随者，并由一群活跃和热忱的传教士向西传播。在伊斯坦布尔被征服后不久，哈尔维提教团就在那里牢牢立足了，其领导人在大众中享有很大的影响力和权威。哈尔维提教团的激进态度、广泛的追随者、政治上的野心和可疑的正统观念，都使它成为苏丹和乌莱玛经常怀疑的对象。"征服者"穆罕默德很快"建议"哈尔维提教团的领导人离开这座城市，但该教团已经根深蒂固，并且能够在其继任者的带领下发挥相当重要的政治作用，尽管这种作用相当隐晦。

在 17 世纪初，哈尔维提教团与其正统派对手之间发生了一系列重大的冲突。两位对立的领导人是哈尔维提教团的谢赫西瓦斯埃芬迪（Sheyh Sivasi Efendi，约 1639 年去世）和正统派教士兼教师穆罕默德埃芬迪（Mehmed Efendi，约 1635—1636 年去世），后者通常被称为卡迪扎德（Kadizade，意思是卡迪的儿子）。同时代著名的学者卡提布·切莱比很好地描述了两人之间的竞争：

> 这两位谢赫截然相反；由于气质不同，他们之间发生了战争。在大多数……争议中……卡迪扎德站在一边，西瓦斯站在另一边，两人都走极端，两人的追随者也常常争吵和争论，彼此反对。这种情况持续了很多年，双方争论激烈，在双方徒劳的争吵中，他们之间产生了强烈的仇恨和敌意。大多数谢赫都选边站，虽然精明的人选择置身事外，说："这是一场无益的争吵，只是出于狂热。我们都是穆罕默德共同体的成员，是信仰的兄弟。我们没有西瓦斯的授权，也没有卡迪扎德的证明，他们只是一对谢赫，在反对彼此中赢得了名声；他们的名声甚至传到了苏丹的耳朵。因此，他们获得了自己的利益，沐浴在世界的阳光下。我们何必愚昧地去为他们打仗呢？我们不会因此而快乐。"

但有些愚蠢的人却执着于其中一方，希望能像他们一样出名。当讲坛上的唇枪舌剑快要把他们带入真杀实砍的战争时，苏丹就有必要规训他们中的一些人，以驱逐出城的方式警告之。穆斯林苏丹的职责之一就是制服和管教这种狂热分子，无论他们是谁，因为在过去，正是这种激进的偏执导致了多方面的腐败。

然而，这些冲突不仅仅是基于个人的竞争和嫉妒，而且在两位主角死后很长时间还在继续。在同一世纪稍晚些时候，围绕着咖啡和烟草爆发了一场引人注目的斗争，托钵僧捍卫人们使用咖啡和烟草的权利，而正统派却谴责之，后者认为它们与音乐和舞蹈一样，都是不虔诚的、放荡的。在奥斯曼帝国的宗教生活中，神秘主义者和教条主义者之间的斗争是一个重要的主题，即使在今天，也没有完全停止。

伊斯兰教之于奥斯曼帝国，就像基督教之于欧洲；伊斯兰教的阿拉伯语和波斯语经典之于奥斯曼土耳其人，就像拉丁语和希腊语之于欧洲文化。奥斯曼文学本质上是一种伊斯兰文学，大部分是用土耳其语写成的，但使用阿拉伯字母，并大量借用了阿拉伯语和波斯语的词汇、概念与主题。在神学和法律方面，阿拉伯语的影响占主导地位。许多奥斯曼乌莱玛具有阿拉伯血统，即使有些不是阿拉伯血统，也使用阿拉伯语而不是土耳其语作为表达媒介。在诗歌和高雅文学方面，是波斯而非阿拉伯提供了模型；波斯经典在土耳其被阅读、研究、翻译和模仿，有关这方面的知识被认为是学者或文人必备的。

但这并不意味着奥斯曼文学纯粹是衍生和模仿的。伟大的土耳其作家成功地改造和重构了波斯－阿拉伯传统，使其成为某种新的、有意义的、至关重要的东西。几段简短的摘录可以说明土耳其作家最擅长的两个领域——诗歌和历史。

诗人梅西希出生在阿尔巴尼亚，年轻时去伊斯坦布尔学习神学。他作为一位书法家和诗人赢得了一些名气，但他的赞助人去世后，他无法从自己事业的挫折中恢复过来。于是，他离开伊斯坦布尔来到波斯尼亚的一个小封地，1512 年他在那里去世。奥斯曼人认为他是巴基之前最伟大的抒情诗人。在西方，他最著名的诗作是他对春天的颂歌；威廉·琼斯爵士于 1774 年出版了一个译本，里面将其翻译为优雅的 18 世纪诗句。

> 听！夜莺，在每一段小枝上，
> 用狂野的音符，欢呼五月的甜蜜归来！
> 狂风从上空吹过，摇曳着杏树，
> 银花绽放在青翠的河岸：
> 微笑的季节装饰着每一朵花。
> 快乐起来吧：春天的花儿很快就会凋谢。
>
> 春日的空气弥漫着阵阵芬芳！
> 山丘，山谷，树林，
> 是它们最可爱的衣裳。
> 谁知道，
> 当更猛烈的风驱散温和的五月时，
> 在那致命的一天，有什么忧虑在等待？

162

死亡，也许会入侵我们的山谷。

快乐起来吧：春天的花儿很快就会凋谢。

郁金香争奇斗艳，

就像艾哈迈德的眼睛，洒下天上的光芒。

啊，永远忠于国家，永远真实，

趁着五月的邀请，去追求青春的欢乐吧！

这些音符难道不能打动你们胆怯的心灵吗？

快乐起来吧：春天的花儿很快就会凋谢。

百合花上闪闪发亮的露珠，

像东方的珍珠，又像白昼的光芒。

如果爱和欢笑让你胡思乱想，

跟随它，姑娘们！（诗人的话是明智的。）

当你坐在颤动的树荫下时，

快乐起来吧：春天的花儿很快就会凋谢。

新鲜的玫瑰就像泽伊内普（Zeineb）① 的脸庞，

当珍珠像露珠在她的耳朵上闪闪发光。

青春的魅力一目了然；

大自然说："美好易逝，青春难留。"

---

① 泽伊内普为常见的阿拉伯女性名字。梅西希的诗歌原文并未提到这个名字，此处为英文译者的发挥。——译者注

绽放的玫瑰花如此，羞红的少女也是如此！
快乐起来吧：春天的花儿很快就会凋谢。

看那里的葵花正怒放，
还有燃烧的红宝石，就像天然的金子！
当晶莹的雨滴从哭泣的云彩中落下时，
享受朋友的陪伴吧。
现在，当葡萄酒送来时，
坐垫已经铺好，
快乐起来吧：春天的花儿很快就会凋谢。

163

植物不再枯槁，
草地不再憔悴，
玫瑰花苞不再垂下沉思的头，
山谷、草地和凉亭里的灌木重新焕发生机，
每根茎都披上了花冠；
每座山丘都穿着丝绸的长袍。
快乐起来吧：春天的花儿很快就会凋谢。

每天早晨都有清澈的水珠滴在玫瑰的花蕾上，
西风从它的叶子上饮香；
带露的花蕾绽放出清澈的光芒。
这是我们的财富：
你们这些姑娘，勿贪求再多。

即使智者嫉妒，即使愚者责备，

快乐起来吧：春天的花儿很快就会凋谢。

麝香味的大风吹落了露珠，

在到达谷地之前，就化作了虚无。

仁慈的蓝天，

铺展开富丽堂皇的亭台楼阁，

我们未曾劳作，

它就出现在我们被偏爱的头顶。

就让别人在战争、艺术或贸易中劳苦，

快乐起来吧：春天的花儿很快就会凋谢。

严冬冷却了沉闷的空气，

直到苏莱曼如太阳般升起，

一切都变得怡人。

在他的统治下，柔情的音符回荡，

盛满欢乐的玫瑰色杯子自由奔放。

在岸边，藤蔓覆盖在绿荫上，

快乐起来吧：春天的花儿很快就会凋谢。

愿这简陋的诗歌代代相传，

留下这伟大进程的真正纪念。

来吧，迷人的姑娘，听诗人歌唱，

你是玫瑰，

> 他是春天的鸟儿：
>
> 爱让他唱歌，
>
> 爱会降伏一切。
>
> 快乐起来吧：春天的花儿很快就会凋谢。

众所周知，当时最伟大的土耳其诗人是巴基。他出生于伊斯坦布尔，父亲是一名宣礼员，起初，他是一名马鞍制作师傅的学徒，但后来开始在伊斯兰学院学习。在学校里，他的才华为他赢得了当时一些最伟大的学者和作家的关注与鼓励，并成功进入了乌莱玛的行列。1555 年，他向刚刚从波斯战役中归来的苏丹苏莱曼大帝献上了一首颂歌。随之而来的成功为他赢得了苏丹的青睐和友谊，苏丹甚至给他送来了自己的诗句，请他帮助润色，这使他踏上了通往辉煌的宗教和文学生涯的道路。苏莱曼的死对他来说是一个沉重的打击，他在一首著名的挽歌中哀悼他的朋友和恩人，这被认为是他最好的作品。诗人以一个传统的主题开始，提醒读者或听众世俗浮华的无常，并敦促世人，如果他们忘记了这一点，就去看看伟大的苏莱曼的结局：

> 哦，你，你的脚陷入了名誉和荣耀的陷阱，
> 你还要贪恋这动荡不安的世界多久啊？
>
> 想想吧，总有一天，
> 当生命的春天结束时，
> 郁金香般的脸，

就会变成秋天的叶子。

对你们来说，
就像是杯中的渣滓，
大地是它最后的归宿；
时间之石，
必会击中生命之杯。

人应该心如明镜。
如果你是一个男子汉，
为何要满怀怨恨？

到什么时候，被忽视的睡眠才会重回你的眼睛？
你难道还不满足于皇帝，那战争之狮，所遭遇的一切吗？

那极乐世界的主人，
对于驰骋天下者，
世界永远不够大。

165

匈牙利的异教徒向他的刀锋低头，
法兰克人欣赏他剑上的纹理。

他优雅地把脸贴在大地上，
就像一片新鲜的玫瑰花瓣，

时间的掌柜把他放进棺材，就像一颗宝石。

……

新的一天开始了。

难道世界的君主不会从睡梦中醒来？

难道他不会从自己的天堂般的楼阁里现身？

我们的眼睛盯着道路，

没有消息从陛下的安息之处传来。

他的面颊已经失去了颜色，

他嘴唇干裂地躺在那里，

像枯萎落下的玫瑰花。

有时天空的皇帝躲在云幕之后，

当他想起你的恩典时，

他在云中羞愧地冒汗。

我的祷告是：

凡不为你哭泣的人，

无论老幼，

愿他们的眼泪埋在地下。

愿太阳因您的离别而熊熊燃烧；

在为你感到的悲伤中，
让它穿上乌云的黑袍。

当它回忆起你的技艺，
就会血泪横流。
愿你的剑从鞘中刺入地下。

愿笔因您的离去而断，
旗子因您的离去而断。

从大量而丰富的奥斯曼帝国编年史文献中，选出两个案例就足 166
够了。第一个是胜利书信——奥斯曼帝国文学中的一种著名流派。
胜利书信是精心创作的文学作品；它的目的是描述，更多的是庆祝
苏丹武装部队在陆地或海上取得的胜利，从而鼓励他的战友，并吓
阻他的敌人。它的副本会被送给一些其他友好的君主，经常还会被
转录到帝国的编年史中。

这种类型的一个很好的例子，介于政治宣传和英雄传奇之间，
是卡尼萨（Kanisza）的胜利公告，它是为了纪念奥斯曼人在 1600
年从哈布斯堡王朝手中夺取这座堡垒而写的。它的作者可能是伟大
的历史学家哈桑贝伊扎德（Hasanbeyzade），当时担任首席书记官
一职；信的文本是在从伊斯坦布尔写给英国女王伊丽莎白的一封信
中找到的，并保存在伦敦的档案局：

众所周知，在这吉祥的一年里，我们与强大而杰出的士兵

一起从"圣战"之家贝尔格莱德出发。在我们去布达的路上，来自敌人的堡垒巴伯扎（Babocza）和卡尼萨的匪徒们烧毁了通往布达道路上的桥梁，并用暴政之火压迫人民和贵族。既然大家都认同消灭他们是一件必要且重要的事情，也是我们的义务和庄严的行为，那么，我们大军的缰绳就被引导到那个地方，去征服和占领他们的堡垒。首先，我们到达了巴伯扎堡垒。我们在它周围扎起了宏伟的营地。被囚禁在里面的放荡之徒们无法抵抗我们战车势在必得的攻击。他们在两天内交出了堡垒，我们便离开了那个地方，转向卡尼萨堡垒，这是通往异教徒土地的关键，是厄运当头的匈牙利人王国的坚固城墙和铁门。但是，由于这座堡垒上有一座坚固的水塔，周围有城墙，城墙上还有炮塔，塔顶高耸入云，所以它无法被攻破，也难以被摧毁。我们在各地架起雷鸣大炮，战斗的声音远达天外，我们在沼泽四周用梁木覆盖，在其四面竖起如山的木桩，于伊斯兰历的 3 月 28 日发动了进攻。与此同时，维也纳国王……和他的著名指挥官们，也以其专业和勇气而闻名，他们带着人数超过 10 万的异教徒步兵与骑兵，带着不计其数的装备和武器，以及不见尽头的车辆、帐篷和台子，逼近我们必胜的皇家军队。战斗开始时，必胜的伊斯兰士兵知道那些日子将成为节日；没有恐惧或不祥的预感，他们敏捷而迅猛地迎击敌人。双方都燃起了战火，激烈的战争和屠戮发生了。那一天是伟大的荣耀……

我们必胜的士兵们，整整三天，在一边轰炸堡垒，在另一边向异教徒的营地发起进攻。但那些受诅咒的恶人们在他们的营地周围挖了深沟，并在周围竖起了大炮。第四天，列队和纵队再次会合，右、左、中和侧翼迅速听命。几千步兵和骑兵从不同的地方被驱赶回他们的营地，无数火器对准了营地。炮弹和步枪射击的子弹像雨点与冰雹一样落在他们的头上。我们胜利在望的士兵像洪水一样从四面八方对他们发起进攻。第七天早晨，在征服之神的帮助下，胜利的大门打开了。敌人注定要失败，无法坚守。他们跌倒又爬起来，最终被赶回了他们来的地方。加齐们注定要征服，从后面追击他们。几千步兵和骑兵成为剑下之鬼，还有数千人被俘。他们所有的大炮、弹药和粮草都被我们拿走了……仍被围困在堡垒中的浪荡者，像一头即将被宰杀的牲畜一样挣扎，他们顽固而无知地抵抗。就像一个溺水者会抓住一切，他们也竭尽全力，开始使用他们能找到的任何东西，石头、横梁、步枪和大炮。我们又毫不迟疑地用大炮、火枪和箭以及其他武器向他们射击，我们日夜不停地一步步前进。他们意识到进攻正在准备中，并且明白，除非献出他们坚固的堡垒，否则他们根本就无法逃脱我们无坚不摧的利爪。因此，他们被迫在伊斯兰历 4 月 13 日投降。他们祈求怜悯、宽恕和慷慨。他们交出了堡垒的钥匙……他们的生命和财产、儿女和妻子都得到了仁慈的保护。他们被遣送回家……赞美全能的真主，在这幸福的一年……这样光荣的事迹得以发生。愿我们所有的敌人都能像这样被征服和击败。

第二个案例涉及的不是战争，而是外交，并展示出奥斯曼史家截然不同的心态。这段文字描述了 1653 年在伊斯坦布尔接待印度

169　莫卧儿皇帝的使臣和任命回访使团的情况，由一位同时代的史家撰写，并由皇家史官奈马（Naima）保存。它很好地展示了当时伊斯坦布尔社会的成熟和练达：

　　伊斯兰历 7 月 23 日，他来到御前，献上了他的礼物。其中包括三件珍贵的礼物，估计总价值为 30 万皮亚斯特：一个戴钻石的头巾徽章，那颗钻石比苏丹的还要大，还有一把剑和一把匕首。由于大使是乌莱玛的成员，我们的维齐尔、穆夫提、首席法官和其他高官都参与了招待会，在现场，还有那些有学问的人、能言善辩之士，他们以学术讨论和诙谐的回答取悦大使。此类招待会在装饰精美的宫殿和令人心旷神怡的水边凉亭举行，以便向他展示伊斯坦布尔奇异而美妙的景色。事实上，从来没有听说过一位大使受到如此多的礼遇和尊重。在大使受到盛情款待之后，还有一封给印度皇帝的回信被写就。送给印度皇帝的礼物有一把镶有绿宝石的匕首、20 个漂亮的女奴和一匹精心打扮的马，马身上的装饰估计价值 90 袋钱，而大使则得到了 6000 金币、一件毛皮的长袍和一匹盛装的马。为了选出一位能够陪同印度大使回国的使臣，还召开了一次会议。根据古代的传统，最好是从乌莱玛或文官中选拔一个有经验的人来做大使，或者是从学者和文人中选一个口才好的人。然而，事实上，这些必要的条件并未被考虑。萨利赫帕夏（Salih Pasha）的兄弟佐勒菲卡尔阿迦（Zulfikar Aga）请求得

170　到这个职位，他说："我无需任何费用。我会自掏腰包。"他们认为这种安排既有利又合适——所根据的原则是便宜的雇工就

是合适的伙伴——他们便将这个无知的波斯尼亚人任命为大使。

苏丹陛下了解到印度大使的才华以及他的精彩谈话……说："找一个有学问的又能干的人当使臣吧，因为使臣代表国王的名誉。"维齐尔和穆夫提举行了会议，讨论任命谁。一些饱学之士的名字被提出，对此，有人说："如果你任命一个有学识的、有洞察力的人，那么，除了他的旅行费用，他还需要个人津贴，还会不断地要这要那，寻求关注，给我们增加负担。"

考虑到这一点，他们决定认命佐勒菲卡尔阿迦，并对他说："拜访一下那位大使……好好接待他，要友好和善，但跟他在一起的时候要保持沉默。不要觉得你必须说话，你会犯下一些严重的错误。"他们就是这样教导佐勒菲卡尔阿迦的。然后，这蠢货就以难以形容的盛况去拜访了大使，并告诉他自己被任命为回访印度的大使，还邀请人家来参加他的招待会。已故的曼奥卢（Manoglu）说，他没有邀请任何文人，只邀请了诗人耶夫里切莱比（Jevri Chelebi），还有智者埃布·艾哈迈德奥卢（Ebu Ahmed-oglu），他是卡迪扎德的追随者。这两个人是他的朋友，是知己和密友；他们要招待大使，如果佐勒菲卡尔阿迦犯了任何错误，他们还要用自己的技能来掩饰。

佐勒菲卡尔阿迦办了一场很好的接待，宴会上，除了其他菜肴，他还让人做了两三道用卷心菜制作的菜，他认为这是最好的美味佳肴。印度大使来了，坐了下来，经过一系列失礼的社交之后，正餐适时供应。当卷心菜上来时，佐勒菲卡尔转向

171

大使问道："印度有卷心菜吗？"大使回答说："在温带气候区，很少种植没有特殊品质的寒带植物。"

佐勒菲卡尔不明白大使说的话，继续说道：

"先生，这东西很有好处的。它能增强一个男人的勇气。"大使笑了笑，说："毫无疑问，卷心菜确实能让人胀气，但除了语言上的相似，我不知道它与勇气有任何的联系。"佐勒菲卡尔既不理解大使的话，也不理解他的微笑。他还傻傻地模仿人家，也发出了一声大笑，并说：

"先生，你的笑话很好，但事实是阿尔巴尼亚人很聪明，因为他们吃动物的肝脏（chiger），而波斯尼亚人强壮且勇敢，因为他们吃卷心菜。"

莫卧儿大使有些不高兴地反驳说："照你这么说的话，阿尔巴尼亚人才应该是勇敢的（chigerdar①），而波斯尼亚人则是胀气的。"

耶夫里和埃布·艾哈迈德奥卢明白了印度大使的意思，他们不禁笑了起来，但他们又羞于在餐桌上这样做。所以，他们憋住了自己的大笑，以至于连东西都没法吃了。

桌子被清理干净，招待会也结束了。当印度大使要走的时候，佐勒菲卡尔对他说："真主保佑，与阁下同行，我们将会很享受我们的旅程。"大使回答说："是的，在路上我们将看到一些非常奇怪的事情，并被其迷惑；愿全能的真主在任何情况

---

① chigerdar，这个词由 chiger（肝脏）和词缀"-dar"构成，在波斯语中，词缀"-dar"的意思是"有……"，chigerdar 的字面意思是"有肝的"，类似于中国人说"有胆的"，引申义为"有勇气的，勇敢的"。——译者注

下都能保佑我们平安无事。"然后，他站起来，说："赞美归于

真主，他按照人的形状造了一头牛！它是一个很好的旅伴，与

它同行，我们会很欢乐。"然后，大使就回到了自己下榻之处。

　　宴会结束后，佐勒菲卡尔留下了耶夫里和埃布·艾哈迈德
奥卢，并对他们说：

　　"难道我没有正确地与那个拉皮条的交谈吗？他们吹嘘他
们的肉桂和丁香，但如果我们不买他们的东西，谁会买？让我
们也为我们国家的产品感到自豪吧。他用花哨的语言和我说
话，而我用简洁的土耳其语很好地回应了他。"

　　因为佐勒菲卡尔是一个有钱人，而且已经被任命为大使，
让他蒙羞并不合适；同时，因为他缺乏被教导或理解事物的能
力，耶夫里和埃布·艾哈迈德奥卢发现自己无计可施，只能保
持沉默。

　　埃布·艾哈迈德奥卢向他的朋友曼奥卢讲述了这件事。他
问道："公正地看，在乌莱玛、文官和文人都可用的时候，却
仅仅因为钱，就选了这样一个平庸之辈做使臣，合适吗？这样
的丑闻能与维护帝国荣誉和声望的要求相称吗？"

172

尾　声

1630年，巴尔干出生的宫廷官员考初贝伊向苏丹穆拉德四世提交了一份备忘录，为了给他的君主以指导，他在备忘录中检视了奥斯曼国家和社会的弱点，正是这些弱点导致奥斯曼帝国的力量自苏莱曼大帝以来就衰落了，考初贝伊就如何纠正这些问题提出了建议：

很长一段时间以来，崇高的苏丹国的王朝（愿它一直得到永恒恩典的保护）是由热心的、善意的和称职的乌莱玛，以及服从的、谦逊的和心甘情愿的奴隶来侍奉的。今天，事态已经改变，邪恶、骚乱、煽动和分裂已经泛滥成灾，我努力找机会观察这些变化的原因，并使其上达天听……首先，皇帝陛下须知，王权和共同体良好秩序的起源以及信仰和王朝基础的稳定，靠的是紧紧抓住伊斯兰律法的坚强绳索。此外，让帝国的关注和恩惠给予那些掌握着宗教的人，他们以耐心和知识处理真主委托给皇帝的事务，还要重视的是那些在"圣战"中牺牲的士兵。愿陛下恩待各阶层称职的人，并蔑视那些不配的人。

考初贝伊用华丽的文字描绘了奥斯曼帝国在苏莱曼大帝统治下的鼎盛，但他小心翼翼地指出，也正是在苏莱曼的统治下，最初的衰弱迹象出现了，这导致在其继任者统治之下王朝迅速衰败。他将这种衰落归因于一系列相互关联的原因。第一个是苏丹放弃了对公共事务的有效控制，从而切断了权力来源与被委托行使权力的人之间不可或缺的亲密关系。第二个是大维齐尔职位的贬值，他不再是像以前那样，通过行政经验和个人功绩的阶梯而上升，而是依据宫廷的偏好来任命和操控。由于没有能力或尊严，大维齐尔随时可能被立即解职，甚至被处死，从而使这个职位声名狼藉。由于苏丹的缺席，以及大维齐尔变成了侍从，后宫干政的路被打开了，妇女、宦官、寄生虫、投机者和各种攀附权势者粉墨登场。就连是皇室和禁卫军团也腐败了：

> 在帝国的后宫，与律法相对立的情况出现了……那里的人没有宗教，没有信仰，他们是籍籍无名的骗子、酒鬼和城市贱民，土库曼人、吉卜赛人、鞑靼人、库尔德人、外国人、拉孜人、游牧民、赶骡子和赶骆驼的人、搬运工、糖浆供应商、劫匪和小偷，以及各种其他人，所以，秩序和纪律已经被破坏，法律和规矩已经不复存在……

不负责任的宠臣当权，反过来打开了腐败的道路，这种病态如果不加以控制，必将摧毁奥斯曼社会和政治秩序的方方面面。当官和升官现在靠的是裙带关系或金钱；官员的任期短暂而不稳定，在其位者既无能，又不称职。

175

在苏莱曼去世半个多世纪后，考初贝伊写下了这份备忘录，他仍然把先前的这段时期看作是一个邪恶的插曲，希望迅速而果断的行动能够阻止帝国的衰落，恢复帝国的伟大：

> 那时，信仰的敌人看到了我们良好的秩序和稳定，就会在无助的恐惧和嫉妒中说："奥斯曼家族 60 年来一直沉睡着，但现在他们完全清醒了，并开始弥补过去的不足。"

但是，尽管有一些偶尔的复兴，衰落还在继续，以至于到后来的记录者那里，逐渐出现更为悲观的声音。"因为我知道我的建议很难被实施，"卡提布·切莱比在谈到他自己于 1653 年写的改革备忘录时提道，"我没有再为此烦恼。但未来的某个苏丹会意识到这一点，并将这些措施付诸实施，这将给他带来最好的结果。"

176 17 和 18 世纪的奥斯曼政治家与作家仍然在回顾逝去的黄金岁月，并认为拯救帝国的唯一希望是恢复伊斯兰教的信仰和律法，恢复奥斯曼家族纯粹、古老的传统。1792 年，当苏丹塞利姆三世向许多著名的奥斯曼人询问如何拯救帝国的建议时，许多人仍然给出了相同的答案。然而，有一些人找到了一条新的道路——改革和革新的道路，通过这样的道路，土耳其人民将经历奥斯曼帝国的最后崩溃，并迎来土耳其共和国的诞生。

参考文献

关于奥斯曼历史和制度的作品

Babinger, Franz. *Mehmed der Eroberer und seine Zeit: Weltenstürmer einer Zeitenwende.* Munich, 1953. French and Italian translations.

Gibb, H. A. R. , and Harold Bowen. *Islamic Society and the West.* Vol. I, *Islamic Society in the Eighteenth Century.* 2 parts. London, 1950—1957.

Hammer-Purgstall, Joseph (*Freiherr* Von). *Geschichte des osmanischen Reiches.* 10 vols. Pest, 1827—1835, 2nd ed. , 4 vols. , 1834—1836; French translation, *Histoire de l'Empire ottoman*, 18 vols. , Paris, 1835—1843.

Iorga, Nicolae. *Geschichte des osmanischen Reiches.* 5 vols. Gotha, 1908—1913.

Köprülü, Mehmet Fuat. *Les origines de l'empire ottoman.* Paris, 1935.

Lane-Poole, Stanley. *Turkey.* London, 1888.

Lewis, Bernard. *The Emergence of Modern Turkey.* London, 1961.

Lybyer, A. H. *The Government of the Ottoman Empire in the time of the Suleiman the Magnificent.* Cambridge, Mass. , 1913.

Miller, Barnette. *The Palace School of Muhammad the Conqueror.* Cambridge, Mass. , 1941.

Pears, Edwin. *The Destruction of the Greek Empire.* London, 1903.

Vaughan, Dorothy. *Europe and the Turk: A Pattern of Alliances, 1350—1700.* Liverpool, 1954.

Wittek, Paul. *The Rise of the Ottoman Empire.* London, 1938.

Zinkeisen, J. W. *Geschichte des osmanischen Reiches in Europa*. 8 vols. Hamburg, 1840—1863.

关于奥斯曼文学、科学和艺术的作品

[Adivar], Abdülhak Adnan. *La Science chez les turcs ottomans*. Paris, 1939.

Arseven, C. E. *L'Art turc*. Istanbul, 1939.

Bombaci, Alessio. *Storia della letteratura turca dall'antico impero di Mongolia all'odierna Turchia*. Milan, 1956.

Gibb, E. J. W. *A History of Ottoman Poetry*. 6 vols. London, 1900—1909.

UNESCO. *Turkey: Ancient Minatures*. New York, 1961.

Ünsal, Behcet. *Turkish Islamic Architecture*. London, 1959.

关于伊斯坦布尔的作品

Gabriel, Albert. "Les Mosquées de Constantinople," in *Syria* (1926), 353—419.

Gurlitt, Cornelius. *Die Baukunst Konstantinopels*. 2 vols. Berlin, 1872.

Liddell, Robert. *Byzantium and Istanbul*. London, 1956.

Mamboury, Ernest. *Istanbul touristique*. Istanbul, 1951.

Mayer, Robert. *Byzantion Konstantinupolis Istanbul*. Vienna, 1943.

有关奥斯曼的翻译作品

Ashikpashazade. *Vom Hirtenzelt zur hohen Pforte*. Trans. by R. F. Kreutel. Graz, 1959.

Evliya Chelebi. *Narrative of Travels in Europe, Asia, and Africa*. Trans by J. von Hammer. London, 1834.

Evliya Chelebi. *Im Reiche des goldenen Apfels*. Trans. by R. F. Kreutel. Graz, 1957.

Kâtib Chelebi. *The Balance of Truth*. Trans. by G. L. Lewis. London, 1957.

Mesihi, in *The Works of Sir William Jones*, X, 271—276. London, 1807.

Naima. *Annals of the Turkish Empire*. Trans. by Charles Fraser. London, 1832.

Sad ed-Din. *The Capture of Constantinople*. Trans. by E. J. W. Gibb. London, 1879.

文中引用的西方旅行家的作品

Busbecq, Ogier Ghiselin de. *The Turkish Letters.* ... Trans. by C. T. Forster and F. H. B. Daniell. 2 vols. London, 1881. The citation is from an earlier English version published in London in 1694.

Dallam, Thomas. *Diary*, in *Early Voyages and Travels in the Levant*. Ed. by J. Theodore Bent. London, 1893.

Hakluyt, Richard. *The Principal Navigations*, *Voyages*, *Traffiques and Discoveries of the English Nation.* ... London, 1589. Vols. 5 and 8 reprinted in Glasgow, 1904.

Langusto, Giacomo, cited in Thomas, "Die Eroberung Constantinopels im Jahre 1453 aus einer venetianischen Chronik," *S. B. der Kgl. bayerischen Akad. der Wiss.* Munich, 1868.

Montagu, Lady Mary Wortley. *Letters*. London, 1763.

Most Rare and Straunge Discourses, *of Amurathe the Turkish Emperor that nowe is*. London, n. d.

Rycaut, Sir Paul. *The History of the present State of the Ottoman Empire*. London, 1668.

Sanderson, John. *Travels ... in the Levant*. Ed. by Sir William Fosterú. London, 1931.

Withers, Robert. *A Description of the Grand Signior's Serraglio* (after Ottaviano Bon), in *Purchas His Pilgrimage*: *Or*, *Relations of the World and Religions Observed in all Ages and Places discovered*, *from the creation unto this present*. 4 parts. London, 1625. Reprinted in Glasgow, 1905, IX, 322ff. A slightly different version was published by John Greaves, *Miscellaneous tracts.* .. , London, 1650, and there have been later reprints.

文献

American Historical Association. *Guide to Historical Literature*. New York, 1961, 366ff.

Birge, J. K. *A Guide to Turkish Area Study*. Washington, 1949.

Pearson, J. D. *Index Islamicus 1906—1955*. Cambridge, 1958.

Pearson, J. D. *Index Islamicus Supplement 1956—1960*. Cambridge, 1962.

Sauvaget, Jean. *Introduction à l'histoire de l'orient musulman*. Rev. by Claude Cahen. Paris, 1961, 195—220.

Weber, Shirley. *Voyages and Travels in Greece, the Near East and Adjacent Regions*. 2 vols. Princeton, N. J. , 1952—1953.

索　引

（页码为原书页码，即本书页边码）

奥斯曼一世（1299?—1324?）

2 奥尔汗（1324?—1362）

3 穆拉德一世（1362—1389）

4 巴耶济德一世（1389—1402）

大空位时期（1402—1413）

5 穆罕默德一世（1413—1421）

6 穆拉德二世（1421—1444, 1446—1451）

7 穆罕默德二世（1444—1446, 1451—1481）

8 巴耶济德二世（1481—1512）

9 塞利姆一世（1512—1520）

10 苏莱曼一世（1520—1566）

11 塞利姆二世（1556—1574）

12 穆拉德三世（1574—1595）

13 穆罕默德三世（1595—1603）

14 艾哈迈德一世（1603—1617）

15 穆斯塔法一世（1617—1618, 1622—1623）

16 奥斯曼二世（1618—1622）

17 穆拉德四世（1623—1640）

18 易卜拉欣（1640—1648）

19 穆罕默德四世（1648—1687）

20 苏莱曼二世（1687—1691）

21 艾哈迈德二世（1691—1695）

22 穆斯塔法二世（1695—1703）

23 艾哈迈德三世（1703—1730）

24 马哈茂德一世（1730—1754）

25 奥斯曼三世（1754—1757）

26 穆斯塔法三世（1757—1774）

27 阿卜杜·哈米德一世（1774—1789）

28 塞利姆三世（1789—1807）

29 穆斯塔法四世（1807—1808）

30 马哈茂德二世（1808—1839）

31 阿卜杜·麦吉德一世（1839—1861）

32 阿卜杜·阿齐兹（1861—1876）

33 穆拉德五世（1876）

34 阿卜杜·哈米德二世（1876—1909）

35 穆罕默德五世（1909—1918）

36 穆罕默德六世（1918—1922）

37 阿卜杜·麦吉德二世（1923—1924）

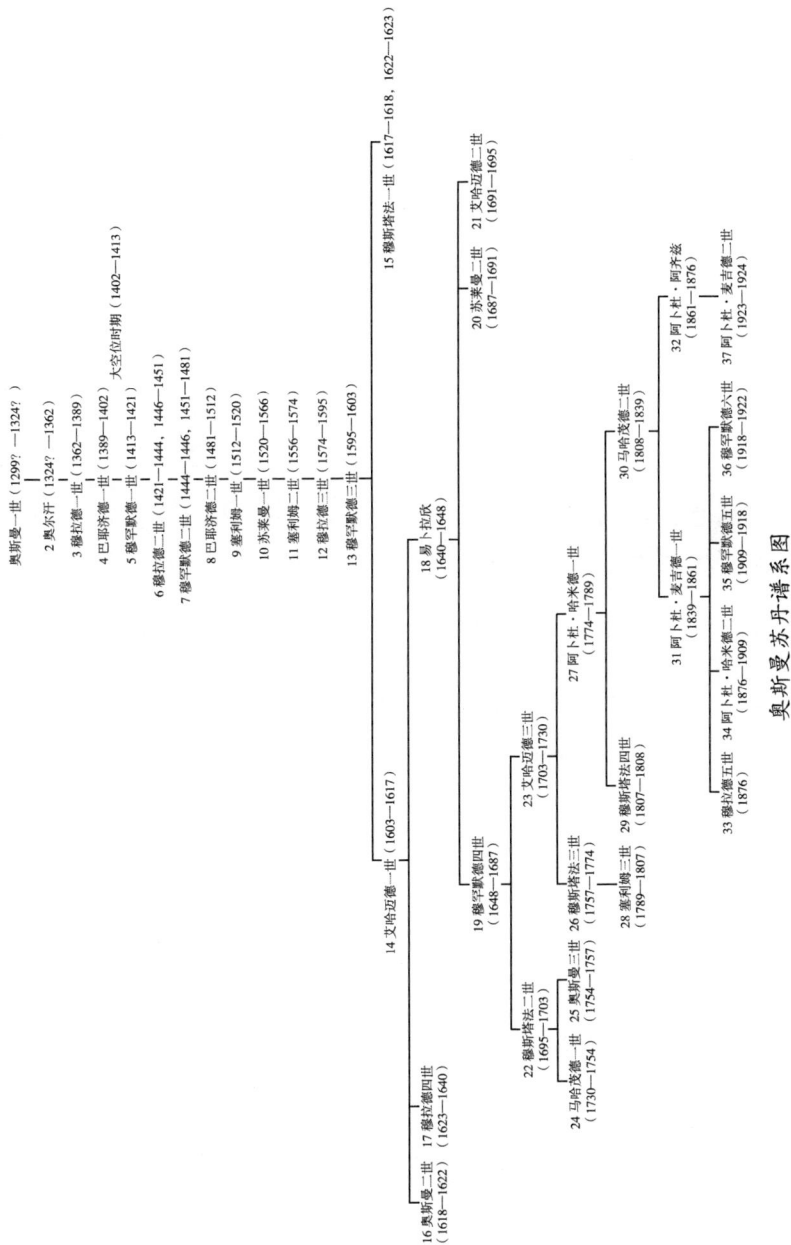

奥斯曼苏丹谱系图

注：括注年份为苏丹在位时间。